漂泊民の居場所

筒井功

河出書房新社

はじめに

「アジール」という外来語がある。

小学館の『日本国語大辞典』では、ドイツ語の asyl からとしたうえで、次のように説明されている。

「犯罪者、負債者、奴隷などが逃げ込んだ場合に保護を得られる場所。世界各地にわたって聖地や寺院などにその例が見られるが、法体系の整備とともに失効している。聖庇《せいひ》。聖域。避難所」

この言葉は綴りと発音が少しだけ変わるがフランス語にもあって、ほぼ同義のようである。英語ではアサイラム asylum に当たるだろう。

日本にも、そのような制度が存在した時代があって、例えば一定の条件をそなえた寺院に犯罪者や逃亡下人《げにん》が逃げ込むと、追及をまぬかれることになっていた。江戸時代の、いわゆる縁切寺《えんきりでら》も、その慣行の名残りだったとされている。

今日、この外来語は、もう少し広い意味でも使われているように思われる。すなわち、何らかの形で国家権力や法律制度の枠外にある地域を指して、そう呼ぶ場合などである。といっても、ぴんと来ない方も少なくあるまい。例を挙げれば、つい近年までの日本には乞食やハンセン病者、職業不詳の漂浪民らが集まって暮らす一角が各地に珍しくなかった。そこは、だいたいにおいて所有者が明確でないか、あるいは所有者から居住を黙認されていることが普通であった。

警察も見て見ぬふりをしていることもあれば、何かの折りに追い払うこともあった。だが追い払ってみても、いつの間にか帰っている場合が多かった。国家権力が及ばないというのではない。法律が適用されないわけでは、もちろんない。しかし、どこか別の社会を形成しているかの趣きがあり、外部からの過度の干渉はひかえられていたのである。周辺の人びとは、しばしば「乞食部落」などと呼んでいた。それはヨーロッパで意味するアジールの原義からははずれるかもしれないが、重なる部分もあった。

そのような一種のアジールは、ほんの半世紀余り前まで日本の至るところに存在していた。ところが敗戦から二〇年もたったころには、ほとんど姿を消していたのである。「気づいたときには、なくなっていた」。半世紀よりも前を知っている人には、そんな思いを抱いている向きもあることだろう。

本書は、右のような意味での近代日本のアジールについて記しておきたいと思って筆をとったものである。ことの性質上、あからさまな差別語を使用している個所があるが、本書の期するところをご了解いただき、寛恕を乞いたい。

＊本書『漂泊民の居場所』は、旧著『日本の「アジール」を訪ねて』(二〇一六年十月、小社刊)に、第九章を増補し改題したものです。

漂泊民の居場所

◉

目次

装幀――水上英子
カバー写真「吉見百穴」
©PIXTA

漂泊民の居場所

第一章　サンカとハンセン病者がいた谷間

1　栃木県・高原山の麓

栃木県宇都宮市街の北方四〇キロほど、同県日光市、塩谷郡塩谷町、那須塩原市、矢板市にまたがる峰々で構成される山塊を高原山《たかはら》と呼んでいる。最高峰は一七九五メートルの釈迦ヶ岳である。

矢板市塩田は、その南東麓に広がる田園地域である。高原山の中腹に発した簗《やな》目《め》川が地内を北西から南東方向に流れ、それは矢板の町はずれで那珂川の支流、内川に合している。

すなわち塩田は、簗目川中流沿いに細長く延びた農村だということになる。塩田はやや広い範囲を指す地名なので、地元では上と下とに分けて呼ぶことが多い。

下塩田で、北側の山地から簗目川に合流している小流れがある。ごくささやかな沢で、国土地理院の五万分の一地形図には載っていない。ただし、二万五〇〇〇分の一以上の精密図には、目をこらせばかすかにわかる程度だが、書き込まれていることはいる。

本章で紹介しようとしている場所は、その細流のさらに支流に当たる、ほんのひとまたぎほど

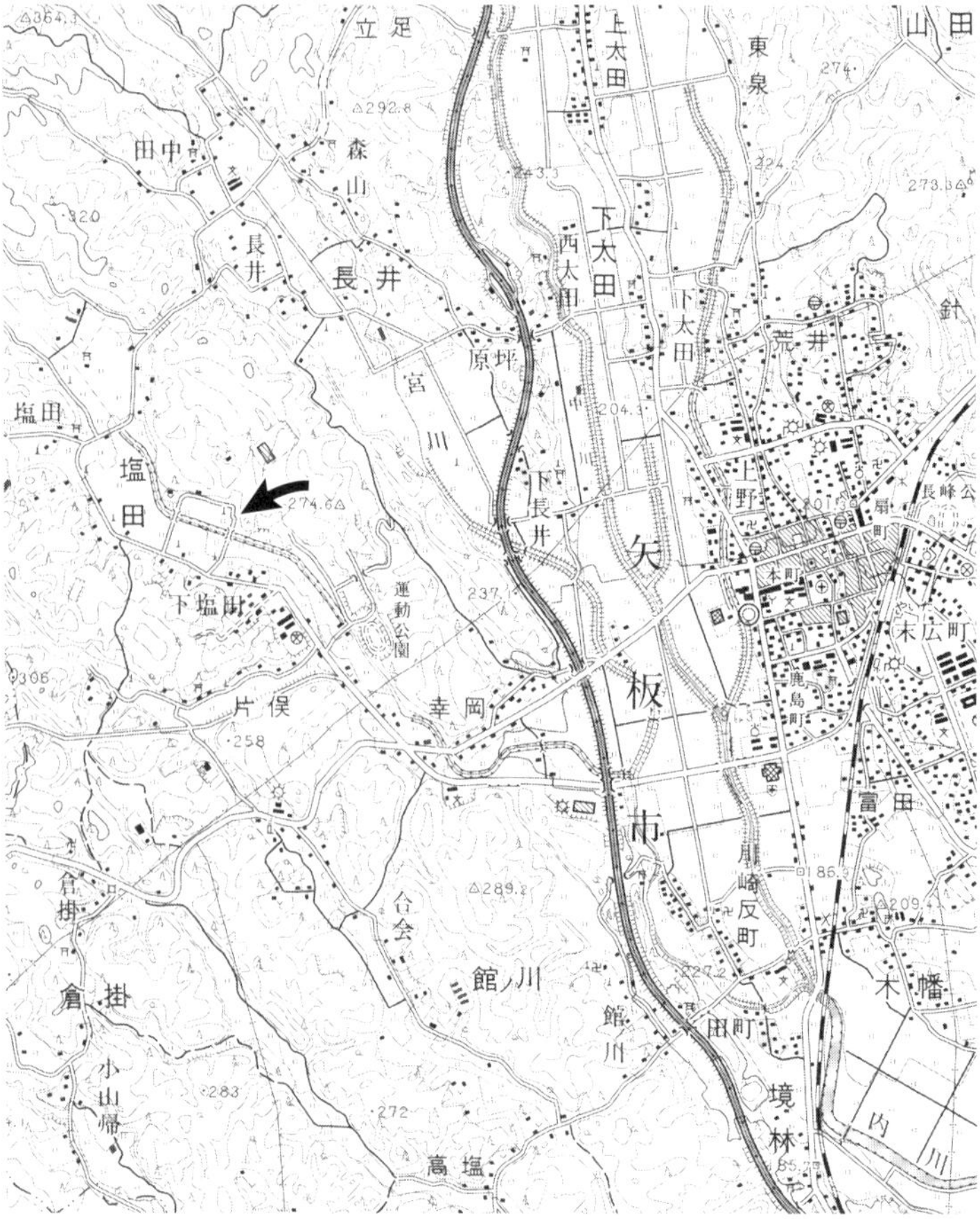

栃木県・高原山南東麓の地形図。矢印の先あたりが仏沢。
国土地理院発行の５万分の１図「矢板」より。

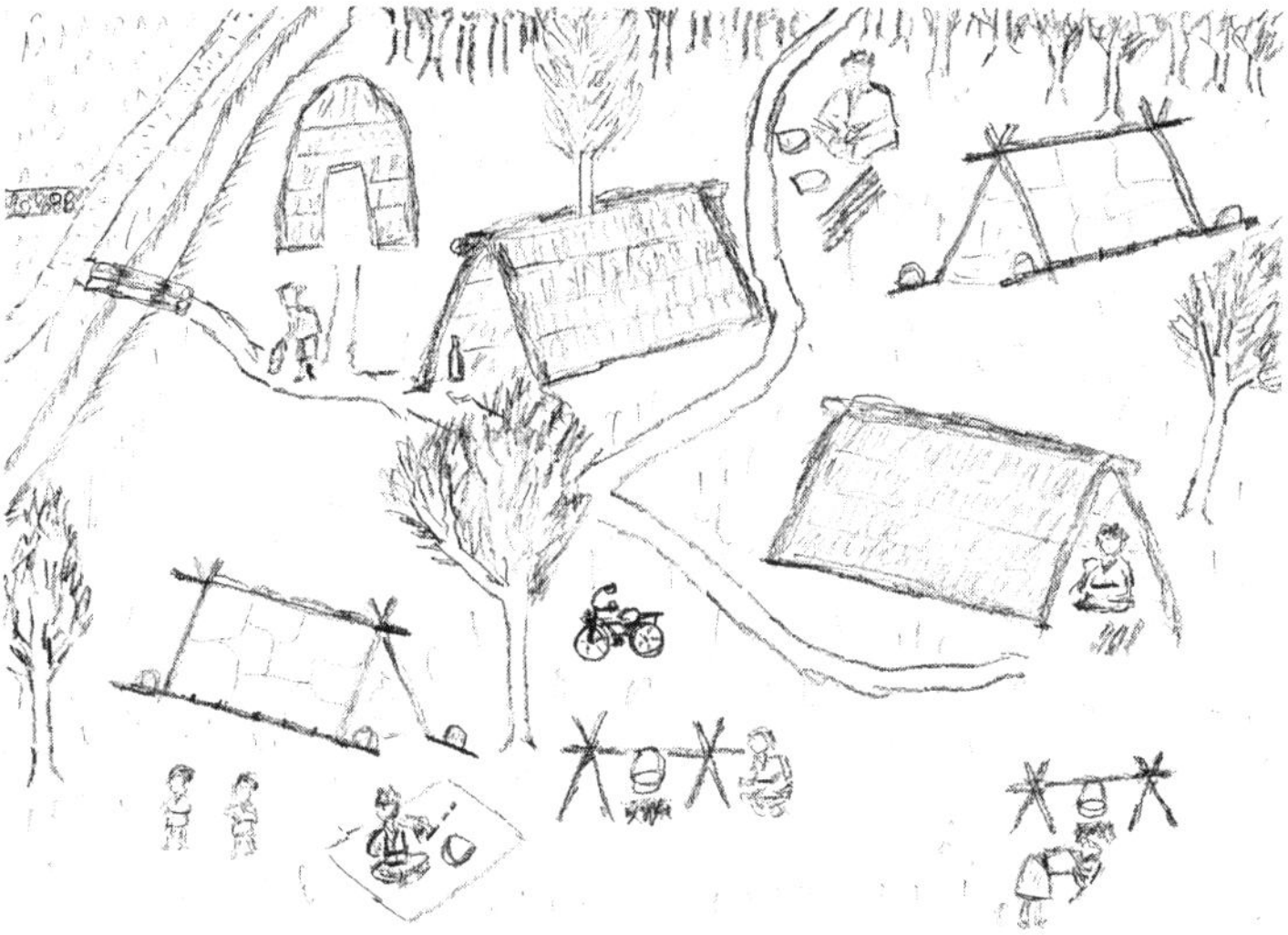

仏沢の想像図。かつての住民の話をもとに著者が作図した。

の沢筋にあった。そこは簗目川からは三〇〇メートルくらい奥まった雑木の林に囲まれていた。ここで暮らす非定住民たちは、そこを「仏沢《ほとけざわ》」と呼んでいたが、いちばん近くに家を構えている農民も、この名前を知らない。村人は普通、「山沢《やまさわ》」と称しているようである。つまり、仏沢はここに小屋を建てて暮らしていた者たちのあいだでだけ使われていた地名であったと思われる。

　仏沢には、多少の間隔を置いて五つか六つばかりの小屋が建てられる広さの緩傾斜地があった。人工的にならしたものではなく、その一角で山の斜面がなだらかになっていたのである。前記の小さいながら清冽な小沢は、このダイラ（平坦地）の西端を流れていた。仏沢は、そこの地名であり、また沢の名でもあった。

　流れをはさんだ対岸には、ここから一〇〇

メートル余り手前に住む和田（仮名）という農家の田んぼがあった。そこには何枚かのヤチ田が上から下へ階段状に連なっていたが、全部でたった八畝（二四〇坪）しかなかった。狭いうえに、ひどい湿田で、いまは杉と雑木の大ぼさになっていて田んぼの面影も残っていない。

昭和六年（一九三一）当時、右の緩傾斜地に三戸の小屋が建っていた。二戸は茅葺き屋根をじかに地面に置いたような外観で、屋根と壁を兼ねた斜めの風雨除けは篠竹やカヤ、藁などを使って作られていた。中の広さは六畳くらいであった。うち一軒の方の真ん中へんには、直径二〇センチばかりのクヌギの立ち木が屋根を突き通して上へ向かって伸びていた。自然の立ち木を大黒柱代わりに利用していたのである。小屋は倒れにくくなるが、そのぶん居住空間をいっそう狭くしていたろう。

あとの一つは全く違っていて、饅頭の背中をうんと高くしたような形であった。内部は前二者の半分たらず、三畳弱にすぎなかった。ただし、屋根を兼ねた壁の材料は同じである。

これらの小屋のことを、住民は「ワラホウデン」と呼んでいた。ホウデンとは、山の神などを祀る小さな祠《ほこら》のことである。ワラホウデンは、だから藁で作った小屋という意味になる。

この三つのほかに、もっと奥に少なくとももう一軒の小屋があった。それもワラホウデンだった

埼玉県東秩父村の「和紙の里」に再現されていた作業小屋。須藤ヤスさんのワラホウデンも、こんな感じであった。

ことは確実だが、わたしに仏沢のことを話してくれた女性は、それを実際に見ておらず詳しい構造はわからない。

仏沢を含む一帯は、ここから二キロばかり南東へ下った矢板市幸岡《こうおか》の農民S家の持ち山であった。仏沢の最初の住民がだれか不明だが、山番をする代わりに居住を認められたようである。といっても山番が何家族も必要なはずはないので、ほかの者たちは小屋を建てることを黙認されていたのであろう。これから紹介していく非定住民たちが、まず山番として一所に定着する例は非常に多かった。

山番は別に見回りなどするわけではない。そこに住んでいるだけで抑止効果になると考えられていたのである。山林所有者が最も恐れていたのは火事であった。そうして、その火事のもとのほとんどが、仏沢で暮らしているような漂泊民の焚き火によるというのが定住農民らの認識だったといえる。だからこそ、彼らを山番に置いたのであり、あとに何家族かがつづいても追い払うことはしなかったのである。

きびしい賤視の対象になっていた、しばしば無籍の非定住民に対して、そのような実利を超えたおとこ気を示す農民も、後述のように決して珍しくはなかった。S家の当時の当主も、そうであったかもしれない。

2　箕《み》と簓《ささら》を作って暮らす

三角柱を横に倒したような二つの小屋の一つ、クヌギの立ち木が屋根の真ん中を貫いていた方には須藤寅造《とらぞう》（姓のみ仮名）の一家三人が住んでいた。寅造は明治三十五年（一九〇二）の生まれだから、昭和六年には数えの三〇歳であった。妻のシマは明治二十二年生まれであり、夫より一三歳の年長だった。家族のもう一人はシマの連れ子で数えの八歳、名を音吉といった。

シマは、この前年まで寅造の長兄、義造《よしぞう》と夫婦だったが、夫が病死したため、その弟のもとへ嫁いできたのである。シマは義造とのあいだに五人の子があったほか、その前夫の子を一人産んでいた。ただし、この時点での末子は囲炉裏にかけてあった雑炊の鍋にあやまって体を突っ込む事故で夭折しており、音吉がいちばん幼かった。嫁ぐに際し、その子だけを連れてきたのである。

それまで寅造は独身であり、安政四年（一八五七）生まれとされている母のヤスと三角形のワラホウデンで暮らしていた。しかしシマとの新婚生活が始まったことから、隣に釣り鐘型の小屋を作って、そちらを母親の新しい住まいにしたのだった。

仏沢の住民が作っていたのと同種の藤箕（ふじみ）。

寅造は箕を作ることを仕事にしていた。箕とは、米など穀類の実と殻とをより分けるための農具である。分別には両者の比重の差を利用する。箕を手に持って、ある要領で前後、上下に揺すると、重い実は手前に殻は箕の先へ集まっていく。そのあと殻だけを外へあおり出すのである。

かつての農家にとって箕はなくてはならない道具であり、その作業を代行できる農業機械が普及しはじめる昭和三十年代までは、どんなに貧しい農家にも一枚や二枚はあった。一〇枚を超す箕を常備している家も珍しくはなかった。本書で紹介する非定住民と箕の製作、販売、修繕の仕事にはきわめて深いつながりがあるので、箕については今後さらに詳しく説明することにしたい。

寅造が作った箕を以前は母のヤスが売り歩くかたわら、修繕の注文をとってまわっていた。それにシマが新たに加わったのである。といっても、シマは前夫と生活しているあいだも全く同じことをしていたばかりか、その前の夫と暮らしていたときにもやっていたので、要領はよくわかっていた。

残るワラホウデンの住民も三人であった。姓も名も確認できない。主人は中年の男性で、通称を「若さん」といった。彼には妻と十代後半くらいの娘がいた。

若さんは「カッテボウ」だった。カッテボウは、カッタイボウがつづまった言葉である。カッタイ（傍居《かたい》の意）とは、ハンセン病者のことである。いずれも差別用語であることは、いうまでもない。

若さんの症状はかなり進んでいて、顔がくずれていた。しかし、妻子には感染していなかったか、あるいは潜伏期にあったのか、二人とも見た目には異状はなかった。

妻には成長障害があったらしく子供のように小柄だった。だから、ここの人びとのことを、わたしに話してくれた須藤寅造の姪（のちに詳述）らは「小さいバッパ」と呼んでいた。おそらく、まだそんな年齢ではなかったのだろうが、当時、小学校に入ったばかりの姪や、いくつか年長の姉には「バッパ（お婆さん）」のような感じがしたのである。

娘の背丈はふつうだった。彼女が二人の実子であったのか、それとも、どちらかの連れ子であったのかはわからない。

若さんは「ササラヤ」（姪の言葉）であった。簓《ささら》削りを生業にしていたのである。簓は、茶道で使う茶筅《ちゃせん》を大きくしたような道具で、長さ二〇センチほどに切った竹筒の先三分の二くらいを、縦にびらびらに割って作る。束子《たわし》と似た用途に使われ、釜や飯びつを洗ったり、角ばった容器の隅を払ったりするのに用いた。

その簓を若さんが作り、妻と娘が売り歩いて生活費を得ていたのである。若さんは、もともとのササラヤだったのか、ハンセン病を発症したあと生きていく手段として、その技術を身につけたのか判然としない。ただ箕の製作にくらべ、簓つくりは習得が容易であり、追いつめられた人びとが、これを仕事にえらんでいた例は珍しくなかった。

箕や簓あるいは機織り具の一つの筬《おさ》を作りながら、漂泊ないし半定住の暮らしを送っている集団を一般にサンカと呼んでいた。この言葉が日常語、いわゆる民俗語彙として使われていた地域は元来はそう広くなかったが、明治維新後まず警察の部内用語に採用され、それが主に新聞を通じて全国的に知られるようになっていた。明治後半から大正時代ごろの新聞記事には、この言葉はときどき見え、ほぼ例外なく「山窩《さんか》」の文字が宛て

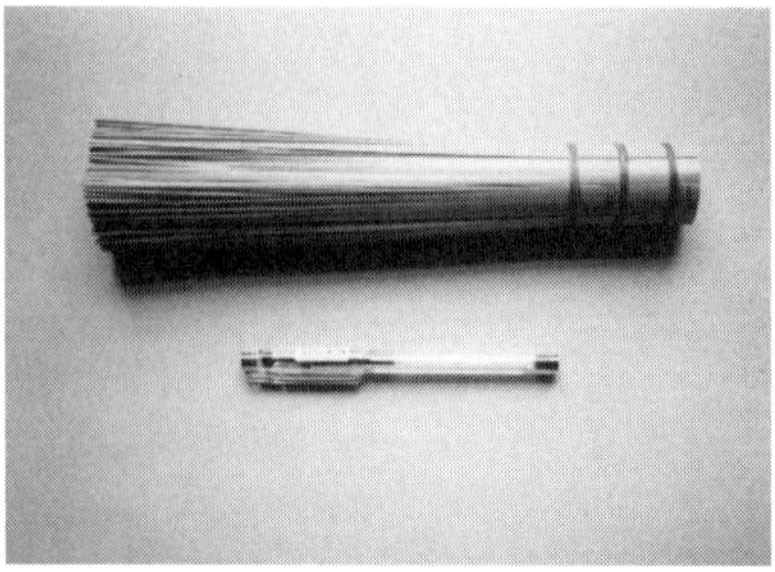

中国製のササラ。
仏沢の「若さん」が作っていたササラに似ている。

られていた。その意味するところは、「各地を漂泊しながら特異な手口で凶悪犯罪を繰り返す、危険な無籍者の集団」ないしは、それに近いものであった。そういう理解には、警察の彼らに対する敵意が反映されていた。

「サンカ」なる言葉の本来の意味や語源などについては、これから順を追って卑見を述べていくことにしたい。

3 昭和六年の夏の賑わい

栃木県矢板市郊外、仏沢の緩傾斜地の三つの小屋には須藤寅造ら七人が住んでいたが、昭和六年（一九三一）の夏のいっとき、ここに二家族の六人が一〇日間ほど滞在し常にはなく賑わったことがあった。

一組は寅造の姉須藤ヨネの家族五人であり、もう一組は彼らと同じ箕作り仲間の芦田長太郎（姓のみ仮名）であった。大人たちは、仏沢のまわりにたくさん生えていた箕の材料の篠竹採りのかたわら、寅造夫婦の新婚生活の様子うかがいに訪ねてきたのである。

このときのヨネの夫は村岡留吉（姓のみ仮名）といった。ヨネは明治二十三年（一八九〇）、留吉は同三十二年の生まれなので妻が九歳の年長だったことになる。二人の姓が違っているのは、正式に結婚していなかったからである。いや、そうしようにも留吉には籍がなく、できないのだった。留吉が籍を得るのは、ずっとのちの第二次大戦後のことであり、それまで村岡は通称にすぎなかった。一方のヨネにしても、大正時代の半ばごろまで無籍だったのである。

ヨネは先夫とのあいだに三人の子をなし、留吉の子を六人産んでいた。合わせて九人の子のうち、第一子と第九子（ともに女）は夭折し、成人したのは男、女、男、女、女、男、男の七人であった。そうして昭和六年の夏、夫とともに右の四番目のリンと五番目のトヨ、七番目の健次を連れて仏沢へやってきたのである。このときリンは小学校の五年生に当たる年齢だったが、前年か前々年に学校はやめていた。妹のトヨは二年生であり、末子の健次は数えの四歳であった。

いま記していることは、わたしが主として須藤トヨさんから聞き取った話をもとにしている。わたしは平成十五年の春から四〇回くらい彼女に会っていた。リンさんにも数回だが、お会いした。二人とも、すでに故人となられた。リン、トヨさん姉妹を含めた一家のことは、のちに改めて紹介することにしたい。

昭和六年の夏、仏沢にやってきた二組のうちの芦田長太郎は、この時点では数えの二二歳で独身、須藤一族とは同じ職業集団に属して親しい仲であったが、まだ縁戚関係にはなかった。しかし、これから数年後、姉妹の長兄が長太郎の妹と夫婦になるから、すでにただの仲間という以上の付き合いがあったかもしれない。

長太郎は当時、仏沢から南東へ二五キロほどの栃木県阿久津村（現塩谷郡高根沢町）の赤堀に住んでいた。平成二十年ごろになっても、この近辺には彼ら一家のことを記憶している農民がいて、その話によると、村はずれに小さな小屋を構えて男たちが箕を作り、妻や娘が行商と修繕の注文取りにまわっていたということだった。

村岡留吉の家族と芦田長太郎は、仏沢へ天幕を持参していた。彼らは、その中で寝泊まりしたのである。天幕といっても、今日のそれとはかなり違う。古い衣類などをほぐして縫い合わせたもので、彼らは「テンパリ」と呼んでいた。「天張り」の意であろう。布団の側《がわ》を二枚くらい重ねた程度の厚さで、さして重くはない。丸めたら風呂敷に包むこともできた。

「それでも急張りにすれば、少々の雨は防げますよ」

とトヨさんは言っていた。急張りとは、急勾配に張ることである。

箕の仕事というのは、広い範囲を歩きまわらなければならない。箕は大事に使えば数十年ももつ。高価でもあった。関東地方の北部に流通していた藤箕《ふじみ》は、米一斗（一五キロほど）と交換か、それに相当する小売り値が、おおよその相場であった。当時、激しい肉体労働に従う成人男子の一日の食いぶちが「米一升」といわれていた。つまり箕一枚の値段は、彼らの一〇日分の主食代とほぼ同じであった。しかも、それは米を食べた場合の話であって、普通の労働者や農民は、もっぱら白米だけの食事などしていたわけではない。米を作っていながら、年に何回かの特別な日にしか白米を口にできない農民がいくらでもいたのである。

要するに、箕は農家の必需品ではあったが、そうそう売れるものではなかった。行商となれば何十キロ先、ときに一〇〇キロを超すような村々へも足を延ばすことになる。天幕は、その際に必要であった。

天幕を張るにはコツがあった。まず二本の棒をX字状に組んで、それを二組、一定の間隔を置いて並べ、そのあいだに横棒を渡す。横棒を棟木《むなぎ》にして、大きな毛布のような天幕をかぶせる。ここまでは、しごく当たり前のことで何の変哲もない。しかし、このままでは天幕はだらんとなって、中は狭くなるし雨漏りもしやすい。それを避ける、おそらく何百年もつづいてきた工夫があった。

天幕の四辺のうち、裾に当たる二辺には、それぞれ五、六ヵ所くらいに、細長い丈夫な布片が二枚ずつ付いている。これは、いわば紐で仏沢の住民らは「チイ」と呼んでいた。チまたはチイは非常に古い日本語で、もとは「釣り針」を意味していた。何かをひっかけるものということで、布片の端の紐をそう称していたらしい。

とにかく、そのチイを木枠とは別の長い棒にしっかりと結びつけ、棒の両端に石を載せる。そうすれば、いつも天幕を引っ張っているような状態になるのである。

4 茨城県那珂郡嶐郷《りゅうごう》村鷲子《とりのこ》

昭和六年の夏、仏沢へやってきた村岡留吉の一家は当時、茨城県那珂郡嶐郷村鷲子に住んでいた。そこは仏沢から東南東へ四〇キロばかりの田園地域で、いまは常陸大宮市鷲子となっている。

彼らの住まいも小屋であったが、ヨネの弟寅造らのワラホウデンとは全く違っていた。それは大工が建てたものであり、小さいながらも家と呼ぶことができた。ただし、六畳ほどの部屋が一間きりで、屋根は藁葺きであった。茅葺きではない。カヤなら何十年かの使用に耐えるが、ワラは数年のうちに崩れてふわふわになってしまう。そのたびに葺き替えなければならなかった。彼らにはカヤ場の利用権がなく、カヤを手に入れられなかったのである。

小屋は、街道（現在の国道２９３号の旧道）に沿って家並みがつづく鷲子の町場から三〇〇メートルくらい離れた、うす暗い雑木の林の中にあった。前を六十ノ沢《むそのさわ》という、仏沢よりはいくらか大きな渓流が流れていた。留吉の一家は、山番をする代わりに土地の農民から林の一角を無償で借りていたのである。

彼らは、そのような小屋もワラホウデンも、旅先で張るテンパリも「セブリ」と呼んでいた。要するに、ふだん生活するところであろうと、ほんの一夜の宿りであろうと、寝る場所はすべてセブリである。そうして、そこで暮らしたり、また単に眠ることを「セブル」といった。これは漂泊民、半定住民、各種の旅人《たびにん》らのあいだで全国的に使われていた隠語であった。フセル（伏せる、臥せる）を転倒させた言葉らしい。

六十ノ沢のセブリには、そのころ夫婦と六人の子が暮らしていた。長女だけは、すでに父親のわからない子を産んで小屋を出ていたが、それでもこの人数だから六畳一間の部屋は夜など本当に足の踏み場もなかった。父、母、ある年齢に達した子供たちが総がかりで箕を作っていた。この仕事で一家が食べていくことができたし、のちに栃木県塩谷郡塩谷町のかなりまとまった土地を手に入れるだけの貯金もしていた。現金収入は並みの農民より、ずっと多かったようである。

仏沢への旅は、三女トヨの夏休みに合わせたものだった。母ヨネと子供三人は徒歩と汽車の乗り継ぎで行き、父の留吉はテンパリ、炊事道具などを乗せた自転車で行った。トヨにとって、それは記憶に残る初めての本格的な旅であり、のちに述べるような体験によって生涯を通じ忘れられない思い出となった。彼女は一五歳から数十年にわたって、母とともに箕をぶちつづけた。「ぶつ」とは木製の刀のような道具で、材料のフジの皮と篠竹のヒゴとを打ち合わせていく作業のことである。一日中、座り詰めだから、母と娘には手を動かすほかには世間話しかすることがない。仏沢への旅のことは、二人のあいだで繰り返し話題になった。それがトヨの記憶を一層、明確にしていた。そのときの経験をわたしに詳しく話せたのは、右の事情によっている。

トヨが、仏沢のダイラに建っていた三つのワラホウデンの一つにセブっていた中年男性の通称を思い出せたのもそのためだが、彼女は一〇日間ばかりの滞在中に「若さん」をほんの何回かしか見ていない。若さんは、めったに外へ出てこなかったからである。ただし、これは彼女の一家や長太郎が仏沢に来ていたあいだだけのことかもしれない。既述のように、若さんはハンセン病を患っており、ふだん見かけない人びとの前に顔を出すことは気がすすまなかったとしても不思議ではないからである。

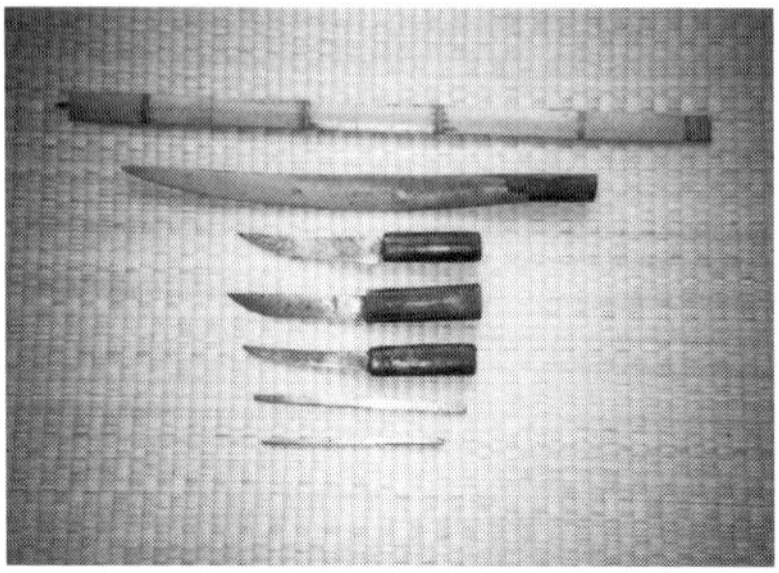

関東地方のミナオシが使っていた道具。

トヨは、これから八年たった昭和十四年（一九三九）の夏にも仏沢を訪れている。それは祖母ヤスの新盆《にいぼん》に当たっていた。祖母は前年、数えの八二歳で死去していた。幕末生まれのヤスの生涯は、まさしく漂泊民のそれであった。どこで生まれたのか本人にも親族にもわからず、親の名前も伝わっていない。大正時代の半ばに籍を得るまで、人生の大半を無籍者として過ごした。いわゆるサンカの集団に生を受けたと思われるが、箕は直し（修繕）ができるだけで作る技術はもっていなかった。

「乞食のようなことも、していたんじゃありませんか」

と孫のトヨさんは語っていた。

二回目の訪問のとき、若さん一家が仏沢にいたかどうかはっきりしない。

「若さんは見なかったように思う。奥さんと娘さんだけが、いたような気がする」

トヨさんの記憶は、ずっと幼かった一回目より曖昧であった。しかし、それに誤りがないとすれば、若さんは昭和六年以後のいずれかの時期に死亡したか、国立の癩《らい》療養所へ収容、隔離されていたのではないか。

昭和六年には「癩予防法」が成立し、そこにはすべてのハンセン病者は国立療養所へ収容、隔離しなければならないことが規定されていた。これが絶対隔離政策の始まりであると説明されることが多い。しかし、この政策の運用は、現実にはきわめてルーズなものであったらしい。その後も各地を放浪するハンセン病者がいくらでもいたことは、後述のとおりである。

5 「ゴウシュウさんが死にました」

須藤トヨが両親らとともに仏沢に滞在したのは、彼女の記憶によれば一〇日間ほどであった。トヨは初め、ここの住民は叔父の一家と若さん一家の合わせて七人だけだと思っていた。ところが、何日目かのある日、緩傾斜地のもっと奥にもセブリがあることを知ったのだった。そこには、おそらくワラホウデンが一軒しかなかったと思われるが、たしかにそうだとはいえない。トヨも姉のリンも、その場所を見ていないからである。

奥に住んでいた、少なくとも一家族の住民の名はトヨさんがおぼえていた。夫は「ゴウシュウ」、妻はテルといった。夫婦とも中年といった年ごろで、子供はいなかったようである。ゴウシュウは、むろん通称であろう。漢字を宛てれば「江州」と書くことは、まず疑いない。江州は、いうまでもなく近江《おうみ》の国、滋賀県のことである。彼らのような非定住民、移動生活者が旧国名を仮の名乗りにしていた例は、決して少なくない。この点については、のちに改めて触れることにしたい。男性がなぜ、そう呼ばれていたのかはっきりしないが、その地と何らかの関係があったのではないか。以下では江州と記すことにしたい。

江州は、トヨらの滞在中に死亡している。

「江州さんが死にました」

妻のテルがある日、寅造の小屋へやってきて、そう告げたのである。それは歌うような調子に聞こえたと、トヨさんは語っていた。

トヨは、そのとき初めて、ダイラのもっと奥にも人が暮らしていたことに気づいたのだった。もちろん、そこの住民を目にするのも初めてである。

おテルさんもカッテボウであった。しかも症状が、ひどく進んでいた。若さんよりも、ずっと顔がくずれていた。トヨは、そのすさまじさに息をのんだ。怖くなって、ふいに踵《きびす》を返すなり下の村へ向かって駆け出していた。三歳年上のリンも、いっしょになって逃げた。村の墓地のところまで一気に駆けていった。ところが二人とも、まだほんの子供だったから、こんどは墓地が怖くなり、また仏沢の方へ引き返していったのだった。

江州もハンセン病者であったのかどうか、彼の死因は何であったのか、リン、トヨさんとも語ることができない。遺体をどうしたのかもはっきりしないが、おそらくセブリのそばに、さして深くない穴を掘って埋めた可能性が高い。そのような葬送は、彼らの社会ではごく普通のことだったからである。

トヨらの母ヨネの兄、すなわち仏沢へ嫁いできたシマの前夫、義造はシマとのあいだに五人の子をもうけているが、それより前、別の女性（姓も名も不明）との子が二人いた。その女性は数えの二七歳で死去したと伝えられている。

「テンパリ張って歩いているうちに死にましてね、遺体はどこかの山の中へぶん投げられたそうですよ」

須藤義造らが葬られた栃木県塩谷町船生の無縁墓地。

トヨさんは、そう話していた。それは放置葬か、せいぜいで林葬としか呼べないものであった。

義造自身も昭和五年（一九三〇）八月に数えの五七歳で病死したあと、栃木県塩谷町船生《ふにゅう》字沼倉の「乞食や行き倒れ人のための集団墓地」（村人の言葉）に埋葬されている。義造の一家は当時、船生字蟹沢《かにざわ》の小屋にセブっていた。

その無縁墓地には、義造の父つまり仏沢の釣り鐘型のワラホウデンに住んでいたヤスの夫、中川米吉も「いかっている」（トヨさんらの言葉）。米吉は生涯、無籍であった。さらに、前記「山の中にぶん投げられた」女性の第二子の男児も同様である。名を

カンといったが、ささいなことで父親の怒りをかい、囲炉裏に差してあった鉄製の火箸で頭を殴られ、数ヵ月のあいだ、

「痛いよう、頭が痛いよう」

と訴えつづけて死亡している。カンは明治四十三年（一九一〇）の生まれで、行年は一〇歳か一一歳くらいであった。死去は一家が籍を得る直前ころであったと思われ、無籍で生まれ無籍のうちに世を去ったらしい。その死が警察沙汰になることはなかった。

無縁墓地には、ちゃんとした墓石は一つも立っていない。五つほどの自然石が残っているだけである。そのうちの三つは、もとからかどうか不明ながら、石製の祠に覆われている。しかし、どれにも何の文字も刻まれていない。わたしは、トヨさん、その夫の勝次さん（後述）とともに二度ばかりそこを訪ねたが、二人ともどれが縁者の墓か、そもそも墓らしきものを立てたのかどうか知らなかった。これも放置葬に近かったといえるかもしれない。似たような例は、これからも出てくることになるだろう。

江州とおテルさんが何を生業にしていたのか、わからない。また、おテルさんがその後、どこでどうやって暮らしたのかも全く不明である。トヨさんは、その辺を母に訊いたはずだが、ヨネさんも答えられなかったのであろう。

それらのことから考えて、江州夫婦は箕作りではなかったようである。おそらく、おテルさんの病気がひどくなったため世間から逃れ、高原山の麓の話を耳にして身を隠すように移り住んだのではないか。後述のように、こうした例もまた珍しくなかった。

6　いとこの誕生

須藤トヨが仏沢を訪れた翌年、すなわち昭和七年（一九三二）の五月、クヌギの立ち木を大黒柱代わりにしていたワラホウデンの住まいに男児が誕生する。徳次と名づけられた。

徳次は、母シマにとっては七人目で最後の子であり、父寅造には生涯にもうけた唯一の子であった。シマは数えの四四歳、寅造は同三一歳になっていた。寅造はトヨの叔父だから、徳次はいとこになる。トヨより九歳の若年であった。

出産の際、産婆《さんば》（助産婦）は呼んでいない。シマが一人で産み、へその緒を切っている。トヨの母ヨネ（寅造の姉）は九人の子を産んだが、やはりだれの助けも借りていない。二人にかぎらず、それが彼らの社会では当たり前のことであった。

徳次は、とくに父親に溺愛された。

「徳ちゃんよ、徳ちゃんよ」「ああ、徳ちゃんは、いいにおいがする」

その可愛がりようは、母親とはかなり違っていた。シマはすでに六人の子を産んだ経験があり、長子の勝次（のちにトヨの夫になる）は、このとき二四歳になっていた。子供への接し方に多少の差が出るのは、無理のないことだった。

シマは徳次を産んだ直後から、赤子を背に負い、連れ子の音吉の手を引いて箕の行商と直しの注文取りに近隣農村を歩いた。音吉は数えの九歳であったから学齢に達していたが、学校へは行っていなかった。四人の兄、姉と同じように生涯、文盲であった。これから間もなく奉公に出されている。

徳次が歩けるようになると、シマは音吉のときそうであったように、いつも仕事に連れていった。平成十五、六年ごろ、わたしはトヨさんらの話の裏づけをとるため、矢板市塩田一帯の農民からも聞き取りをしたが、「小柄なおばさん」が箕を背負い、幼い子の手を引いて村の道を歩く姿をおぼえている人は、いくらでもいた。彼らは、その親子がどこに住んでいるかも知っていた。しかし、ほとんどが小屋そのものは見たことがなかった。辺鄙《へんぴ》なところにあったせいもあるだろうが、近づくことは怖がっていたのである。

徳次は、シマが産んだ子のうちでは、初めて学校教育を受けている。小学校への入学は、通常の学齢より二年遅れていた。昭和七年五月の生まれだから、本来なら同十四年春に新一年生になっているはずなのに、実際は十六年四月に通学を始めている。

当時からずっと仏沢にいちばん近い農家で暮らしていた和田清（仮名）が毎朝、小屋へ寄って徳次といっしょに学校へ通った。和田は昭和五年十月の生まれだから、徳次より二歳の年長、学校では四年も上であった。和田は教師から、近くの小屋に住む新入生を誘ってくるように指示されていたらしい。

「学校へは、あんまり行きたがっていないようでしたねえ」

平成十七年秋、和田さんは六十数年前を振り返って、そう話していた。

しかし、徳次は途中で学校をやめることなく、ちゃんと卒業した。昭和二十二年（一九四七）のことである。そのあと、さらに高等科へ進んで二年の課程を終えている。

徳次の一家は第二次大戦後、仏沢を引き払い、そこからさして遠くないKという村へ移った。村の氏神の社務所に住むことを認められたのである。これは彼らの定住としては、かなり珍しいケースであった。

漂泊民や移動生活者が、神社のお堂を仮の宿りとすることは、いくらでもあった。おおかたは許可を得てのことではない。無住をさいわいに、そうするのである。これは氏子には、嫌がられた。懸念の第一は火事である。そのために、彼らのたまり場になっていた堂舎をコンクリートに建て替えた事例を、わたしは耳にしている。そのほかに穢《けが》れうんぬんの理由も、あったかもしれない。

ところが、K村では非定住民の一家を社務所に住まわせたのである。のみならず、引きつづいて徳次の父親違いの兄や姉たちも、そばに家作ふうの小さな家を建てて暮らすようになる。いっとき、ここに一族の五世帯が集まって生活していた。それはワラホウデンが小家屋に変わっただけで、仏沢のセブリと同種の集落だともいえた。

そんなことが、なぜ可能だったのか、よくわからない。最初の徳次一家については、おそらく山番と似た目的の「宮番」「宮守」といった意味があったと思われる。しかし、その後の推移は、それでは理解できない。ただ、寅造やシマに対する村民の信頼なくしては、ありえなかったことだけは間違いあるまい。わたしは寅造にもシマにも会ったことがないが、徳次さんの穏やかな性格と、貧しくとも実直な暮らしぶりから、二人の人物像は想像できるように思えた。それがなければ、定住農民の村社会に受け入れられることは決してなかったはずである。

7 被差別民のあいだの縁組み

須藤寅造や、その姉ヨネ一家のような職業者すなわち箕《み》の製造、販売、修繕で生計をたてながら、村はずれの小屋やワラホウデンで暮らす人びとは、地域では一般に「ミナオシ」と呼ばれていた。

ミナオシは、いうまでもなく「箕を直す人」の意である。しかし、ヨネの家族がそうであったように、もっぱら製造と卸し販売だけをして修繕にはまわらなくても、やっぱりミナオシと呼ばれていたのである。「箕作り」の語も、後述のように古くからあって各地に地名として残っているが、これが日常的に使われることはほとんどない。耳にすれば、農民ならだれでも意味は理解できるのに、なぜかふだんの会話には出てこないのである。

ミナオシは、強い賤視のひびきがこもった言葉で、面と向かって口にされることはない。穢多《えた》、非人と同じか、それ以上だといっても過言ではあるまい。こんなことは書物には書かれていないので、本当かと首をかしげる向きが多いことだろうが、例えば関東地方の村落社会を少しこまめに歩いてみれば、いまでもすぐ気づくはずである。

つまり、ミナオシは非定住の被差別民である。だから、ふつうはミナオシであること、あったことを外部には隠したがる。わたしは平成十五年三月、初めて栃木県塩谷町の須藤トヨさん宅を訪ねていったときのことを、はっきりおぼえている。トヨさんは、

「わたしは副業に箕を作っていたが、夫はもとサラリーマンだった。箕作りを覚えたのは最近の

ことですよ」

と答えたのであった。

ミナオシの集団は、外部社会から通婚を忌避されていたため自分たちのあいだだけで縁組みをする場合が多かった。その一端は、すでに述べたとおりである。しかし、これについては詳しいことは後回しにして、いまは須藤徳次さんのその後を語っておきたい。

徳次は若いころは土木の仕事をしていた。四〇歳から六五歳までは市のごみ収集の作業員として働いた。公務員ではない。作業を委託された会社に勤めていたのである。

結婚は二八歳のときだった。相手は良子（仮名）といい、二つ年上であった。良子は、もとは無籍であった。ただし、その事情は徳次の両親らの場合とは全く違っていた。

彼女は東京・上野駅を寝ぐらにする、いわゆる浮浪児だった。昭和十年代の半ば、現在の矢板市に住んでいた農民、木戸重吉（仮名）が何かの用事で上京した帰り、汽車に乗ろうと駅へ行ったところ、あたりをぶらぶらしている少女がいた。一〇歳くらいに見えた。木戸は、かわいそうに思うとともに、家事の手伝いをさせるつもりで家へ連れ帰ったのだった。

そんな次第であったから、彼女は自分の名を「良子」と名乗ったほかは、正確な生年も生地も告げることができなかった。ただ、出生地として千葉県内のある地名を挙げたので、重吉の息子が良子を伴い、そこへ行っていろいろ調べてみたが、結局、はっきりしたことは何もわからずに終わってしまった。このままでは無籍である。一家は彼女の就籍手続きを進め、良子は木戸家の娘として籍を得たのだった。生年は昭和五年（一九三〇）とされた。

北関東あたりでは、斃死《へいし》した牛馬の処理などに当たる皮革系の被差別民を「カーボ」と呼ぶことがある。「皮坊《かわぼう》」の意味の差別語で、むろん面と向かって口にする言葉ではない。トヨさんは、

「良子さんの親はカーボだったわね」

と言っていた。

木戸家の人びとは当時、農業のかたわら皮革関連の仕事もしていたのである。矢板市の、その地域には同種の職業者が、かなり住んでいた。被差別部落であった。きびしい結婚差別を受けていたと思われる。

徳次の母シマは、その辺へも行商にまわっていた。それは徳次が幼児のころからで、木戸重吉はシマに男の子がいることは知っていたはずである。良子が三〇歳になったある日、重吉はたまたま家に現れたシマに、

「あんたには、たしか男の子があったと思うが、その後どうしているかね」

と訊いたようである。それで徳次が、まだ独身であるのを知ったのだった。それから徳次と良子の結婚ばなしが、とんとん拍子で進んだのである。

良子は言葉の発声が十分にできなかった。知的な理由からではなく、何かの病気が原因で声が出にくくなったらしい。わたしは夫婦に何度も会っているが、良子さんのいうことは聞き取れないことが多かった。しかし、そのたびに徳次さんが通訳をしてくれた。慣れると、わかるのであろう。良子さんは七〇代になってからは、腎臓の透析も受けていた。

わたしの目に映ったかぎりでは、徳次さんにも良子さんにも長年の差別と貧しさに打ちのめさ

れたような暗い影は感じられない。二人には、現在の暮らしに自足しているような穏やかな表情と落ち着きがある。

夫婦のあいだには二人の子がいる。いずれも結婚して、生まれ育った社務所には住んでいない。

かつての漂泊民、移動生活者の社会に身を置いていた人びとの肉声を伝える記録は、ほとんど存在しないと思う。その意味からも、須藤一族のことはさらに詳しく語るつもりだが、ここでいったん外部の人間が彼らのような集団をどう見ていたのかに話を移すことにしたい。

第二章　土窟から上る煙

1　福島県・浜通り北部のテンバ

日本民俗学の創始者、柳田國男が初期の論文の一つ「『イタカ』及び『サンカ』」を『人類学雑誌』に発表したのは、明治四十四年（一九一一）の九月から翌年二月へかけてであった。その全三節のうちの第二節に、次のようなくだりが見える（『定本柳田國男集』第四巻四八四ページ）。

〈又東北地方にても磐城相馬郡の石神村などに毎年来往する数家族あり。二宮徳君の談に此村《このむら》の外山には山腹には十数の土窟あり。村民此穴より煙の出づるを見て、今年も来て居ることを発見す、此地方にては之をテンバと云ふ。サヽラ又箒《ほうき》などをも作りて売れど、主としては農家の箕を直すを以《もつ》て活計とす。村民とは年久しき馴染となり居《お》り、テンバの女房は家々を廻り注文をきゝ、箕を持ちて其土窟へ帰り行く由なり（振り仮名は引用者による）〉

わたしが右の文章に初めて接したのは、二〇代後半のころであった。当時、わたしは仕事の関係で徳島県に住んでいた。柳田の描写に強い印象を受け、行ってせめて土窟がどんなものかだけでも確かめたいと思ったものの、福島県はあまりに遠すぎた。わたしは、深山の岩の切れ目のような穴が点在するあたりから立ち上る煙を想像しながら、いつの日かを期するしかなかった。

ところが、それから間もなく東京へ転勤になったのに、わたしは「磐城相馬郡の石神村」を訪ねようとしていない。日々の生活は慌ただしく、時間に追われていたこともあったろうが、気持ちにゆとりがなかったことが、より大きな理由だったかもしれない。それに、この方面に身を入れすぎると、会社勤めが嫌になりそうな予感もあった。

わたしが初めて石神を訪れたのは、先の論文を目にしてから実に三〇年ほどのちの平成十三年春のことであった。以前、勤めていた会社は、すでに辞めていた。わたしはそのころ、使える時間のすべてをサンカ取材に充てると決めていた。そのとき、まず浮かんだ取材先の一つが石神だったのである。

福島県原町市石神(現在は南相馬市原町区石神となっている)は、わたしが何となく想像していたような山深い僻村ではなかった。そこは、原町の市街からわずかにはずれた広闊な田園地帯であった。そんなところに一体、どんな「土窟」があったというのか不思議な気がした。

わたしは、まず土窟の場所を確認する必要があると考え、村内を車でまわりながら何人かの住民に「山腹の穴」のことを訊いてみた。十数もの穴があったと書かれているので、すぐわかると思っていたが、どの人も首をかしげるばかりだった。しかし、なおさがしつづけているうち、この話なら、この人をおいてほかにはいないといえる男性に出会えたのである。石神の字坂下に住む、大正十三年（一九二四）生まれの池田恒秋さんであった。だが、池田さんからの聞き取りを紹介する前に、柳田の文章に出てくる「二宮徳」について記しておいた方がよいだろう。

二宮徳《いさお》は、薪を背に負って本を読んでいる像で知られた、あの二宮尊徳（金次郎）の曾孫である。幕末、藩財政が窮乏しきっていた相馬藩の藩士、富田高慶はその打開のために、著名な農政家だった尊徳を訪ね弟子になる。高慶は、のち尊徳の娘の文《ふみ》と結婚していることから考えて、尊徳の厚い信頼を得ていたと思われる。高慶は妻とともに帰郷、弘化二年（一八四五）から相馬藩で、いわゆる「尊徳仕法」を実施し、大きな成果を挙げている。

高慶が仕法を進めていた明治元年（一八六八）、官軍と旧幕府側とのあいだに起きた戊辰戦争の戦禍を逃れるため、尊徳は妻の波と長男尊行（弥太郎）一家を相馬へ疎開させる。相馬藩は、石神字坂下に彼らの家を準備して尊徳一族の恩に報いたのだった。その際、富田高慶も石神へ移っている。

2 二宮徳と柳田國男

徳は、その尊行の孫になるが、右のようないきさつで石神で生まれたのである。生年は明治十五年（一八八二）であった。いつまで石神で暮らしたのかはっきりしない。しかし、遅くとも十代後半には故郷を出ている。つまり、彼が柳田に伝えたテンバの話は、一八九〇年代の半ば以前に目撃した事実にもとづいているといってよい。その当時すでに、季節をかぎって石神の土窟にやってきていたテンバと村民とは、「年久しき馴染」となっていたのである。

柳田國男は、「『イタカ』及び『サンカ』」を執筆する直前の明治四十四年（一九一一）夏、岐阜、福井県方面へ民俗調査の旅に出ている（ただし正確にいえば、これは内閣書記官室記録課長としての視察旅行であった）。

その折りの見聞を記した「美濃越前往復」（『北国紀行』所収）の冒頭近くには、「サンカのことに注意して行きたしと思う」と記している。そうして、この旅には二宮徳も同行していたのである。先に紹介した現南相馬市石神のテンバの話は、この旅行中に二宮から聞かされたと思われる。

同年七月九日、すなわち東京・新橋駅を出発した翌々日の記事にも相馬地方のテンバのことが見えている。そこには『人類学雑誌』の論文にはなかった情報が含まれているので、該当個所を引用しておきたい。

〈二宮君はいう。このサンカ（岐阜県で聞いた話に出てくるサンカを指す＝引用者）とよく似たる者、磐城相馬地方にてはテンバ、またはテンボという。妻子眷属《けんぞく》ある漂泊者にして、主として箕なおしを業とす。山の中腹以上に七八つの横穴あり。二十年前にテンバという者、時に来たってこれに住みたりしを記憶す云々《うんぬん》。この名称は仙台附近にも知られ、またそういう毎年来る乞食のことなりしと聴く。それに家族がありしか否かはまだ確かめず。名の起りは不明なれども、あるいはこれが一つの手掛りかも知れず。関東の田舎にては、サンカという語も警察人などは使うも、一般には箕直しをもって通用し、この中には漂泊する者と、すでに一地に土

着するものとあるがごとし〉

箕の修繕を生業とする者も乞食も、ともに「テンバ」と呼ばれており、前者は家族がある漂泊者だが、後者には家族がいたかどうかはっきりしない、それが二宮徳の理解であったことがわかる。なお、関東地方でもミナオシはテンバとも呼ばれていた。おそらく、「転場」の意ではないか。

福島県南相馬市原町区石神の二宮氏一族の墓。

二宮が柳田の旅行に、どういう立場で、あるいはどんないきさつで加わったのか、よくわからない。徳の孫に当たる二宮尊志《たかし》さんは平成十四年九月当時、六〇歳で神戸市立楠高等学校の校長であった。尊志さんは、わたしの電話での問い合わせに、次のように話していた。

「祖父は商社マンでした。何でも、満州の支店長になって赴任する途中、腸チフスにかかり船上で死亡したと聞いています。民俗学の研究をしていたという話は耳にしたことがありません。ただ、わたしの父の尊道《たかみち》が柳田國男のことをときどき話題にしており、その折り友人のような親しさを見せていたので、祖父と柳田とのあいだには何らかの付き合いがあったのかもしれません」

徳は、尊志さんが生まれるずっと前の昭和四年（一九二九）に数えの四八歳で亡くなっている。そのせいもあるのだろう、祖父について必ずしも詳しい知識をもっていない。

「祖父が、どこの大学を出たのか知りません。祖父の弟の四郎は、東大の農学部を卒業して農商務省へ入ったようですが」

柳田國男が東大法学部を卒業後、最初に奉職したのは農商務省であった。もし、徳も弟と同じ道に進んでいたとしたら、同省で柳田と知り合っていたことも考えられる。二人が岐阜、福井方

原町区石神の池田恒秋さん宅。
背後の里山に多数の「土窟」があった。

面へ旅行した明治四十四年、柳田は三七歳、徳は三〇歳であった。このころ徳は、まだ公務員だった可能性もあり、そろって公費による出張であったかもしれない。ただし、このあたりはあくまで推測にすぎない。

それはともかく、二宮徳が生まれ育った現南相馬市原町区石神の「土窟」には、「毎年来往する数家族」のテンバがいた。その穴に彼らがいっとき住んで、女房が箕直しの注文取りに近在の農家をまわっていたのは、明治四十四年（一九一一）から「二十年前」のことであった。すなわち、同二十四年ごろになる。これは、それ以後、彼らの姿が消えたというのではない。二宮家の人びとは明治三十年に石神を離れるが、徳は、その前に郷里を出て、おそらく東京か、その近辺に移っていたのであろう。だから、同二十四

年ごろまでのことしか語れなかったのだと思われる。

テンバは、徳が石神を去ったあとも、ずっと季節をかぎって、このあたりへ来ていた。それは第二次大戦後になっても変わることはなかった。いや、わたしが石神を初めて訪れた平成十三年ごろでさえ、まだ現れていたのである。そのことを教えてくれたのが、先に名前を挙げた池田恒秋さんである。池田さんの自宅は、二宮家の旧宅から一〇〇メートルくらいしか離れていない。そうして、家のすぐ裏手には「土窟」の一つが、ちゃんと残っているのである。

3 「テンバはね、いまも来ますよ」

池田恒秋さんは農民である。既述のように、大正十三年（一九二四）の生まれだから当時、数えの七八歳、満では七六か七七であった。わたしが、たまたま姿を見かけて近づいていったときは、小型の耕耘機で自宅わきの畑の土をすき起こしていた。

わたしの石神訪問は、柳田國男らの美濃・越前方面への旅行から九〇年後のことであり、二宮徳の実際の見聞からだと一一〇年ほどもたっている。わたしは、テンバについて具体的な情報が得られるとは、夢にも思っていなかった。せめて、土窟がどんなものか確かめ、それによって柳田の文章のイメージを明確にしたかったのである。

「穴ですか、ありますよ。その山の斜面にいくつもある」

池田さんは、耕耘機のエンジンを止め、目の前に横たわる里山の方へ顎をしゃくりながら、そう答えた。穴居時代の人間が掘って、住居にしていたのではないかと思う、という推測も述べた。

「土窟」は、たしかにあったのである。わたしは、あまり期待はしないまま、箕直しを仕事にしていた人びとのことを訊いた。

「ええ、もちろん知ってますよ。この辺では、えーと……何ていったかなあ」

池田さんは、ほんのわずかなあいだ遠くを見る目をしたあと、はっきりと言葉をついだ。

「そう、テンバといいます。テンバモンともいいました。テンバというのはね、あちこち流れて歩いてました。いまはむろん、ちゃんとした家に住んでるんでしょうが、昔はそうじゃなかったと思いますよ。木賃宿なんかに泊まってたんじゃないんですか。原町のはずれにも二、三軒ありましたからね。テンバが、うしろの穴にいたところですか、それは見たことがありません。テント張りの生活ですか、それも見たことがない。テンバはね、もうテンバとはいいませんが、いまも来ますよ」

「えっ、いまも、ですか」わたしは、びっくりして訊き返した。

「そうです。年に一回くらいかな。夫婦とか男一人、女一人とかになりましたがね。昔はよく家族でやってきたも

平成28年春、二度目に会ったときの池田恒秋さん。

んです。子供たちは学校へは行ってなかったんじゃないかなあ」

池田さんは、彼らが住んでいる場所として一〇キロばかり南方の、ある地名を口にした。

「あの人たちが作った箕を見ますか」

池田さんに案内されて、わたしは縁先に腰を下ろした。池田さんは、すぐに箕を持ってきた。いつも使っているようだった。それは藤箕《ふじみ》であった。フジの表皮と細竹《ほそだけ》（おそらく篠竹であろう）のヒゴとを織り合わせたもので、関東地方の、とくに北部でよく見られるタイプに近い。四年ほど前、一万円で買ったという。相馬地方のテンバも、前章で紹介した北関東のミナオシ集団と同じように、箕の修繕だけではなく製造・販売も行っていたことがわかる。

「ここはね、たしか去年、直してもらったんですよ」

池田さんは、箕の先端を指さして言った。そこは、発泡スチロール箱の梱包などのときに使う、青色の丈夫なテープ（ＰＰバンド）で補強されていた。そのころ、おおかたの地方では、まだフジや山桜の皮で修理をしていたが、その箕は今ふうの直し方をしてあった。

辞去する前、「土窟」の一つに案内してもらった。それは池田家のすぐ裏手、ほんの十数メートル先にうがたれた、防空壕のような横穴であった。背後は里山になっている。ごくなだらかな山容の、むしろ丘といった感じの盛り上がりである。柳田は、それを「外山《そとやま》」と表現したのである。二宮の話を耳にして、もっと険しく奥深い山を想像したのではないか。

「同じような穴が、もっと上の方に何十もありますよ。以前は村人の薪採《たきぎと》りなんかで、つるつるになってたもんだから、よく見えましたがね、いまは杉が植わってるし、あいだは藪だらけで近

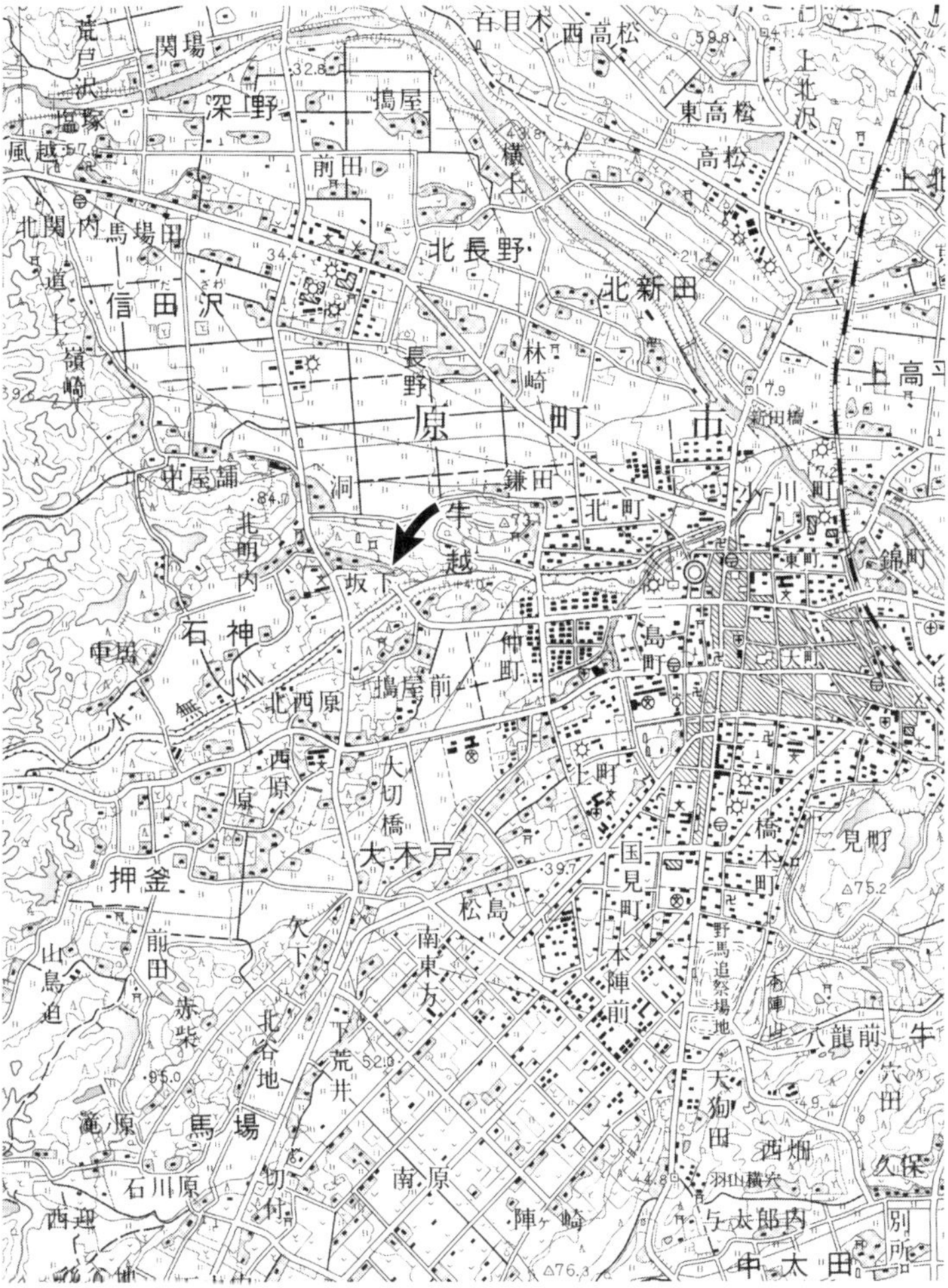

旧原町市石神の周辺。矢印の先あたりに「土窟」があった。５万分の１図「原町」より。

づくのも大変になりましたねえ」

池田さんも、そう言ったように、下からは穴は全く見えなかった。

池田家裏の穴は、わたしには古代の横穴墓《よこあなぼ》のように思えた。帰宅して原町市役所（当時）文化財課に電話でうかがったところ、市の方でもそのように考えているが、まだ現地調査もしていないということだった。

横穴墓は、古墳時代後期の埋葬施設である。単独で存在することはめったになく、たいていは数十、ときに一〇〇を超えて営まれていた。福島県の太平洋岸、いわゆる浜通りは、それが目立つ地域の一つである。石神の穴も横穴墓と考えて、まず間違いあるまい。

漂泊民、移動生活者が横穴墓をセブリにしていた例は、のちに改めて紹介するように珍しくなかった。そこを半定住地にしていたことも、いっときの宿りとしていた場合もあった。二宮徳が少年時代に目撃したテンバは、おそらくどこかに仏沢のような拠点となる場所があったと思われる。彼らは年に一回か二回くらいの割合で石神を訪れ、箕の販売・修繕に当たったり、「サヽラ又箒など」を作って売っていたのであろう。

その渡世のありようは、仏沢の住民と異なることがなかったといえる。

4　南相馬の箕作り職人

石神での取材を終わったあと、池田恒秋さんが「いまも来る」と話した箕作り人が住んでいるという場所を訪ねることにした。

そこは石神から南へ一〇キロばかり、農村部と小さな町場が接しているようなところだった。教えられた近くまで行って、何人かに「箕を作っている人」のことを訊いた。みな知っており、そろってF（姓のイニシャル）の名前を挙げた。ほかにもう一軒あったが、そちらはだいぶ前にやめてしまったと答えた人もいた。

Fさんの家は、「ニュータウン」と呼ばれる住宅街によくあるような造りの二階建てで、道路側に一〇坪くらいの庭があり、その端に六畳ほどの作業小屋が建っていた。小屋の壁に魚釣り用の新しい「びく」が二つ吊るしてあるのが、窓ガラス越しに見えた。注文を受けたか、どこかへ卸すつもりで編んだ商品らしく思われた。箕の仕事のかたわら、竹細工もしているようであった。藤箕と竹細工は全く別系統の技術だが、両方を身につけているのであろう。

玄関に立って案内をこうても、だれも出てこない。前をうろうろしていると、通りがかりの人が裏へまわってみたらとすすめてくれた。裏手の勝手口のようなところに戸があり、そこで声をかけた。すぐに七〇すぎか、七〇代半ばといった印象の男性が顔を出した。総白髪だった。それに皮膚の色が異常に白い。おそらく、生来のものであろう。

「もう箕は作ってませんよ」

男性は、わたしの問いにつっけんどんに答えた。それは、近所の住民の話とは違っていた。

「頼まれても作りません。年もいったし、簡単に作れるもんじゃないんですよ。一枚作るのに何日もかかります。昔だって、たくさん作ってたわけじゃない。内職でやってただけです。ほかに作ってる人ですか、知らないなあ。売ってるところ……知りません」

男性は明らかに、わたしの突然の来訪を迷惑がっていた。あなたは一体、どこから来たんだ。どこで自分のことを知ったんですか。あなたが何を聞きたいのか知らないが、わたしは何もしゃべりませんよ。男性の警戒心にみちた目は、そう語っていた。ちょっととりつく島がない、といった感じであった。

Fさんが、このころもまだ箕を作っていたことは間違いないと思われる。まわりの何人もが、そう言っていたからである。そうして、Fさんか家族のだれかが近在の農村へ行商にまわっていたはずである。池田さんが「四年前に買った」と話した箕も、Fさんが作った可能性が高い。しかし、わたしのような、どこの何者かもわからない人間には、そのあたりは隠しておきたかったのであろう。

Fさんや、だいぶ前までは箕を作っていたという、もう一人の一族は、二宮徳が目撃したテンバたちの子孫だろうか。おそらくそうだろうと、わたしには思える。少なくとも、柳田國男が記した「毎年来往する数家族」のいずれかと血縁的につながっていることは、間違いないのではないか。

彼らのような職業集団に身を置く人びとは、外部社会から縁組みを忌避されていた。池田さんも、

「そんなことは、わたしら農民には全く考えられなかった。向こうだって、そうだったと思いますよ」

と話していた。

だから、とくに戦前は、内部でのみ縁組みを繰り返していた。わずかな例外として、家を出ていった女性たちの結婚があった。その大部分は水商売の世界で働いているうち、知り合った客と一緒になるケースだったといえる。その結果、部内では女性の数が男性にくらべて、うんと少なくなりがちであった。これが彼らの社会で、母親と息子のような、あるいは年の離れた姉と弟のような組み合わせの夫婦がよく見られた理由であった。前章で紹介した須藤寅造とシマ、寅造の姉ヨネと村岡留吉は右の例である。前者は妻が一三歳、後者は九歳の年長だった。

彼らと外部の者の通婚が始まったのは、戦後も二〇年以上たってからといってよいだろう。そのころになると、穀物の実と殻の分別ができる農業機械が広く普及して、箕作りという職業が急速に衰退したからである。つまり、それを仕事にする者がほとんど消えてしまい、差別もおのずと以前ほどではなくなったのである。ただし、彼らの子孫に対する賤視の感情が色濃く残っている地方は、二一世紀の今日でもまだ少なくはない。

南相馬のFさんら二家族は、遅くまで箕にかかわる仕事をつづけていた。そうである以上、きびしい縁組み差別を受けてきたと思われ、かつてテンバの名で呼ばれていたときと同じように部内での結婚を繰り返していたのではないか。

「あの人たちは、自分らとは筋が違う」

という意識は、なお消えていないようである。かなり離れた場所でも、Fさんのことを知っている人が多いのも、それゆえに違いない。次に述べる話も、それを裏づけているといえる。

5 「この縁談は断ってほしい」

石神は福島県浜通りの北部に位置するが、次は浜通りの南部、いわき市四倉《よつくら》町での話である。同町のT集落に住む佐藤昭子さん（仮名）は、昭和五年（一九三〇）にここで生まれ、同じ地内の佐藤家へ嫁に来た。わたしは平成十八年五月、田んぼのわきでたまたま見かけた昭子さんに声をかけ、この地方の箕作り人のことを聞くことができた。

佐藤さん宅は農家であり、そのころ一〇枚の箕を持っていた。五枚は田んぼのそばの農具小屋に、あとの五枚は自宅の物置きに置いてあった。ただし、どの箕もすでに使っておらず、かといって捨ててしまうのももったいなくて壁に吊るしたままになっていたのである。

一〇枚はすべて、近くに住んでいた渡辺音松さん（仮名）が作ったものだった。物置きに並んでいた五枚のうち、いちばん新しい箕には「昭和四十三年　購入」と書いてあった。当時より三八年ほど前に買ったことになる。いくらだったのか、昭子さんは知らなかった。金を払ったのは義父だったからである。

昭子さんは、義父から音松さんについて、いろんなことを聞いている。そうして、その話をよくおぼえていた。定住農民にとって、箕作りの集団は、その暮らしぶりゆえに好奇の対象であり、格好の炉辺ばなしのタネだったのである。

渡辺音松は「いま生きていたら九〇いくつかであった」というから、明治の末年か大正の初年ごろ、すなわち一九一〇年前後の生まれであったらしい。もとは村の共有溜め池のそばで、家族

と一緒に暮らしていた。両親と姉と音松の四人が、みすぼらしい小屋で寝起きしていた。義父は、

「あの連中には籍がなかった。箕の値段なんかはちゃんとわかるが、字は読めなかった。ときどき家族そろって、法華《ほっけ》が持つような太鼓をドン、ドンたたきながら、おもらいにまわっていた。乞食だった」

と語っていたという。「法華の太鼓」とは、日蓮宗の信者がよく使う団扇太鼓《うちわだいこ》（団扇くらいの大きさの一枚皮の太鼓）のことであろう。

箕の販売、修繕とも農閑期の冬場は、仕事がほとんどなくなる。それで、大道芸や門付け芸で急場をしのぐ箕作りは珍しくなかった。

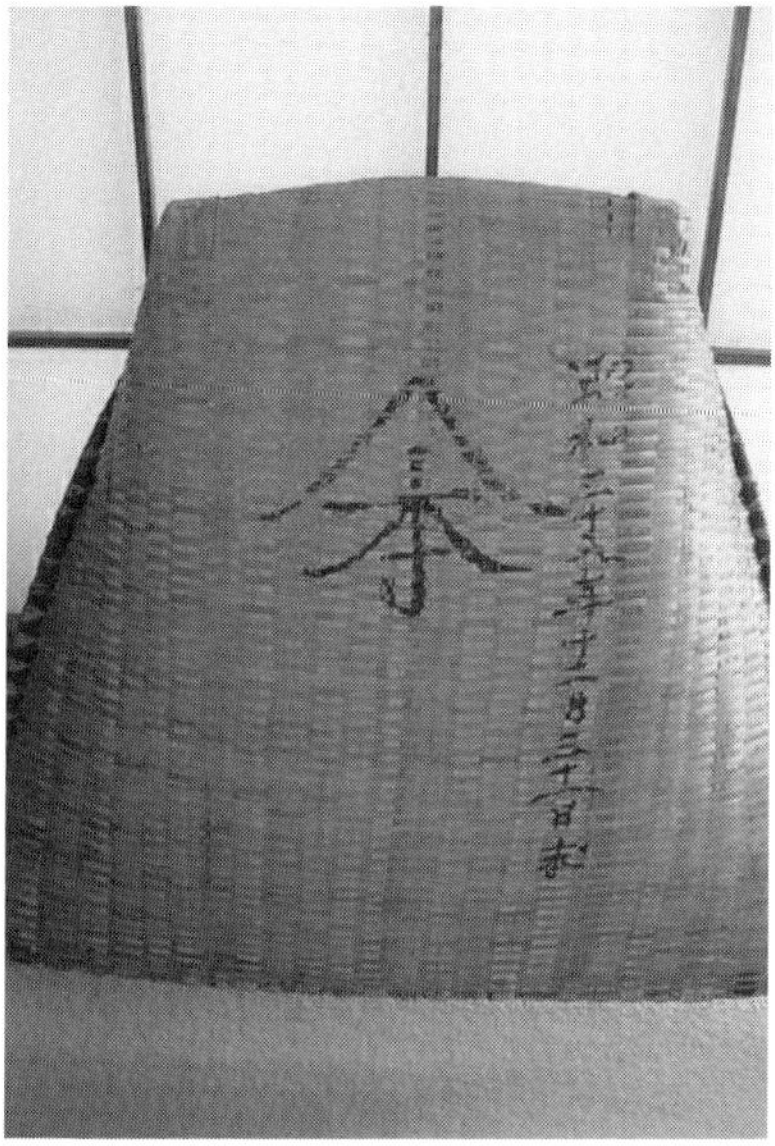
渡辺音松さん（仮名）が作った藤箕。
昭和38年の購入である。

ただし、渡辺一家の場合は溜め池のわきに住んでいたことから考えて、おそらく村の堰番《せきばん》をしていたと思われ、おもらいは、その見返りであった可能性もある。そうだとするなら、村人が多少の「布施」を与えることは義務に近かったろう。

昭子さんが嫁に来たあとのことだが、一家は溜め池の横からN集落のはずれへ移った。といっても、住まいは相変

わらず小屋であった。そのころには、音松さんの代になっており、もう太鼓をたたいて村内をまわることはしていなかった。箕の製作、販売、修繕だけで生計を立てていたのである。彼らのことを四倉町あたりでは、「ミーナオシ」「ミーツクリ」と呼んでいた。

「テンバという言葉は聞いたことがありませんねえ」

昭子さんは、そう言っていた。ついでながら、わたしが村落社会での聞き取りでミーツクリ（箕作り）なる言葉を耳にしたのは、ほかではほとんど記憶がない。既述のように、ミナオシ（箕直し）の言い方がもっぱらであった。

音松夫婦には、男子一人と女子一人がいた。娘は昭子さんよりずっと年下で、昭和十五年（一九四〇）ごろの生まれだったらしい。農繁期にはよく農家に雇われていた。働き者であったという。

その娘に縁談が持ち上がる。近くの町場に住み、なかばは仕事で仲人を積極的に引き受けていた中年女性が、あいだに立ったのである。縁談の相手は、町内の農民の息子であった。農民は、女性の話に耳をかたむけたあと、

「家が貧しくても、べつにかまわない。本人さえしっかりしておれば、それでよい」

と答えたので、女性はその旨を音松に伝えた。音松の方も乗り気で、縁談はまとまりそうであった。しかし、いよいよとなったとき農民は、

「ところで、その娘さんの父親は、どんな仕事をしてるんですか」

と訊いた。念のためといった口ぶりだった。土地柄、どうせ農家であろうと思い込んでいたら

しい。

「箕を作っていますけど」

仲人の女性が、そう話したとたん、相手の態度が急変し、

「この縁談は、なかったことにしてほしい」

と、きびしい口調で断ってきたのだった。

女性は驚くとともに、不審にも思った。町場育ちで、ミナオシ差別について十分な知識がなかったのである。彼女は、いきさつを周囲の人に伝え、初めてそういうことがあることを知ったのだった。女性は、渡辺家に断りを入れるのに、ずいぶん難儀をしたそうである。昭和三十年代半ばのことらしい。昭子さんは、この話は仲人の女性から直接、聞いたということだった。

その娘さんは、のちに別の男性と結婚している。一方、息子さんの方も家庭をもって、いまもN集落のはずれに住んでいる。

「でもね、もう昔のような小屋じゃありませんよ。うちなんかより立派な家になってますよ」

と昭子さんは話していた。

彼女は、わたしが辞去する際、壁にかけてあった箕の一枚を取って渡してくれた。

「全部、持っていってもらっても、かまいませんよ」

と言われたが、わたしは遠慮させていただいた。もらった一枚には「昭和三十八年十二月三十一日求」と墨書してあった。

6　横穴墓に「定住」した人びと

四倉町の市街から南南西へ一〇キロたらず、同じいわき市の平《たいら》下高久には「千五穴《せんごあな》」と呼ばれる横穴墓群があって、ここには昭和の末年か平成の初めごろまで何家族かの「ホームレスのような」人びとが住んでいた。彼らは、明治時代の中期、現南相馬市石神の横穴墓にしばしのあいだセブって箕などの行商をしたあと、またどこかへ去っていったテンバとは違い、穴に定住していたのである。

千五穴は、下高久《しもたかく》と北西側の菅波《すぎなみ》との境あたりの山林に点在する、合わせて一〇〇基ばかりの古代の墳墓群である。そのうち、右の両村を結ぶ林道の峠近くの西側山腹に、もっとも遅くまで非定住民の家屋として利用されていた穴があった。平成十九年一月、わたしが菅波字東作《ひがしさく》で会った昭和五年（一九三〇）生まれの男性によると、

「あそこには三つの穴をつなぎ合わせて住まいにしていたところがありましてね、われわれは三LDKだと言ってましたよ」

ということだった。わたしは、それとおぼしき場所へ行ってみたが、つないであったのは二つで三つのものは見つけられなかった。

そこには防空壕のような横穴が二基、近接して並んでおり、あいだの壁に当たる部分が直径五〇センチほど丸くくり抜かれていた。そこをくぐれば、外へ出ずに二つの穴を行き来できる。雨のときなどにそなえたのではないかと思われた。

そばに、もっと印象的な穴があった。内部の壁と天井一面に、透明のビニールシートを貼り付けた跡が、はっきり残っていたのである。シートは、小さな円形に切り取った杉の皮をとめにして、そこに釘を打ち込んであった。そこだけはシートが取れずに残っている。そんな跡が数十ヵ所もある。居住空間を快適にしたいとの思いは、だれであろうと変わりはないのである。

床は土がむき出しであった。蓆《むしろ》か何かを敷いていたのであろう。そこに、くるくると巻かれた桜の皮が落ちていた。桜の皮は、この地方で広く見られた藤箕《ふじみ》の修理に使う材料である。住民はミナオシであった可能性が高い。ほかに、ここらの横穴墓には、どんな職業者がセブっていたのだろうか。先の東作在の男性は、

「男の一人は、藁で作った釜敷《かましき》を売り歩いていましたねえ。おもらいも、してました。わたしの母親は昭和三十一年（一九五六）に亡くなりましたが、そのころまでは仕事をもった住民が多かったですね。だけど、そのあとはおもらいさんばかりでしたよ」

と話していた。これに対し、

「あそこの住民で、この辺の農家の

いわき市平下高久の「千五穴」の一つ。
古代の横穴墓で、近年まで非定住民が住まいとして利用していた。

手伝いをしている者が二、三人はいた」

と語った人もいた。

穴で暮らしていた人びとのうち、少なくとも一人の名前は記録に残っている。次は渡辺行郎氏の『古代磐城・根岸遺跡の周辺考』（二〇〇二年、私家版）からの引用である。

〈千五穴には昭和四十年頃まで代々乞食（物もらい）が住んでいた。最近社会福祉の時代となって、農村地帯に乞食の徘徊は存在しない。戦後暫くの間は、数人が起居していた千五穴の住民も、相馬出身だという横田ハナ女を最期に今は誰も居ない〉

横穴が住まいとして利用されていたのが昭和四十年ごろまでとする指摘は、ほかの近隣住民の記憶と一致しない。また、穴の一つに張られていたビニールシートは、どう見てもそんなに古い時代のものではなかった。さらに、昭和四十年ごろ、透明の大きなビニールシートが簡単に手に入ったとも思えない。穴には、ずっと遅くまで人が暮らしていたと考えて、まず間違いないのではないか。

それはともかく、横田ハナさんが相馬出身だと伝えられていたことは、すでに紹介した石神のテンバとの関係で、いささか気になる事実である。むろん、相馬といっても広い。それに、その話が本当だともいい切れまい。だが、ここら辺の非定住民と相馬とのかかわりを伝える証言が、もう一つある。

千五穴の近くには、近年まで二家族のミナオシが住んでいた。先の昭和五年生まれの男性は、そのうちの一人と小学校の同級生であった。父親は箕を作っており、のちには当人も同じ仕事をしていた。

「もう何十年も前になりますが、一家で相馬の方へ移っていきましたねえ」

男性は、どんな事情によるのか知らなかった。

別の「昭和のごく初めの生まれ」だという男性は、二家族の姓をはっきりおぼえていた。この人は右のミナオシについて、

「腰巻《こしまき》（菅波内の小字）の竹藪の手前に小屋を建てて住んでましたよ」

と言っていた。

あとの一家族は、ずっと遅くまで近くで暮らしていた。もとは「避病院《ひ》」（結核患者の収容病棟であろう＝引用者）跡の病舎を借りて住んでいたが、のちに村内の農家のわきに小屋を建てて、そちらへ移ったということである。わたしが、ここを訪ねたときには、すでにどこかへ引っ越したあとであった。

7　ニコライ・ネフスキーの手紙

柳田國男を師と仰いだ民俗研究者の一人に、ニコライ・ネフスキーというロシア人がいた。明治二十五年すなわち一八九二年、モスクワの北東ヤロスラヴリに生まれ、一九四五年二月、死亡している。以下、この生没年を含め、ネフスキーについてはすべて加藤九祚《きゅうぞう》氏の名著『天

の蛇　ニコライ・ネフスキーの生涯』（初版一九七六年、増補版二〇一一年、河出書房新社）によっている。

妻の日本人イソも、同年の死亡である。ともに、どこで亡くなったのか、はっきりしない。夫妻はスターリン治世下のソ連へ帰国していたとき、日本のスパイの疑いで逮捕され、おそらく銃殺されたのである。処刑は別々の場所であったらしい。

ネフスキーは大正四年（一九一五）、ペテルブルグ大学の官費留学生として日本へやってきた。その後、昭和四年（一九二九）まで日本に滞在、各地を旅行して民俗研究に外国人ばなれのした成果を残している。ネフスキーは、しばしば「語学の天才」と称される。それは大正九年（一九二〇）九月二十一日付けで、柳田に宛てて書いた次の手紙によっても明らかであろう（柳田國男『大白神考』所収、非常に長い文面なので前後を大きく省略してある）。

〈翌日の朝から高木君の村へ行って非常に親切に歓迎されました。北神谷《きたかべや》の鎮守様は御承知の通り白山神社です。これをあやまってシラヤマ神社と言うと百姓が非常に怒るそうです。「我々は立派な百姓ですが、バンタではあるまいし」と。右のシラヤマ権現はバンタの神になっておりますから。白山神社の御神体は臼《うす》だったそうです。バンタのほかに特殊部落として箕《み》直《なお》しと筬《おさ》搔《か》きがあって、主に中神谷にいると高木君が話してくれました〉

これは翻訳ではなく、ネフスキー自身の日本語である。来日わずか五年で、これだけの文章を書けるようになっていたのである。会話に全く不自由しなかったことは、いうまでもない。しかし、右を引用したのは彼の語学力を知っていただくためではない。そこに書かれていることを紹介したかったのである。

　右の「高木君」とは、高木誠一のことである。明治二十年（一八八七）、現在の福島県いわき市平《たいら》北神谷に生まれ、昭和三十年（一九五五）に病死するまで、ずっと同地で過ごした。高木は農民であり、また柳田門下の民俗研究者であった。ネフスキーとはうまが合ったらしく、とくに親しくしていた。また、宮本常一の『忘れられた日本人』の「文字をもつ伝承者(一)」で詳しく紹介されている。

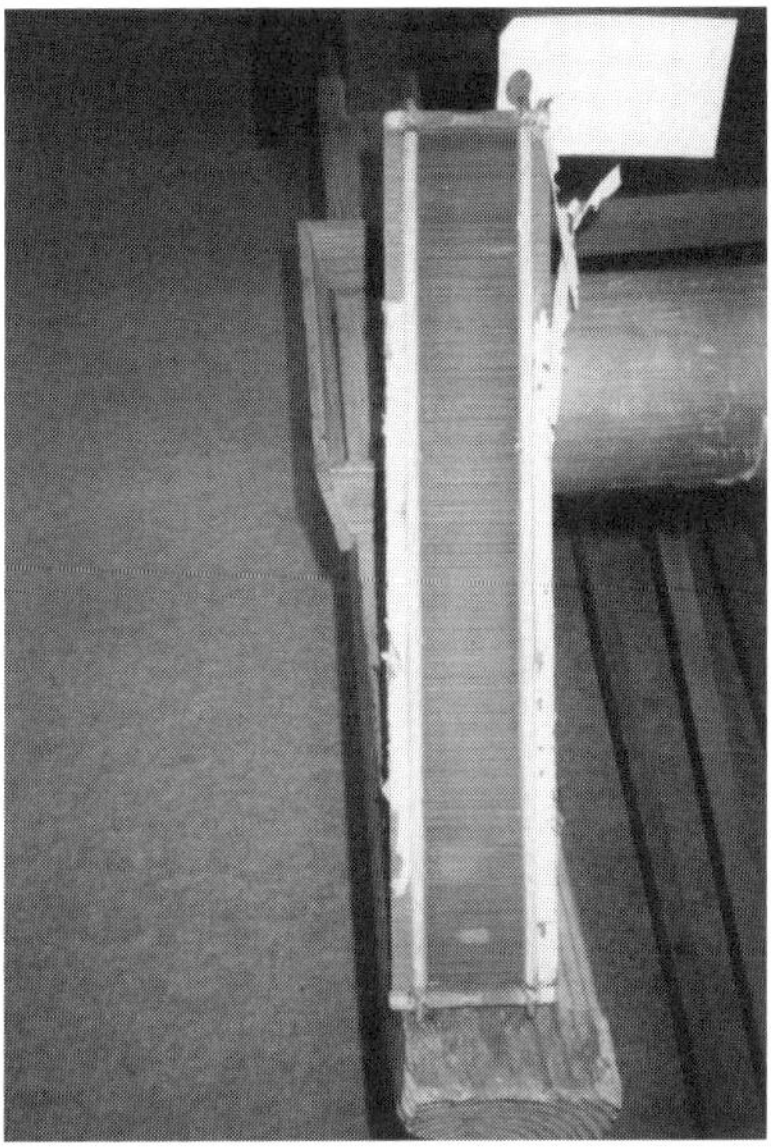
機織り道具の筬（おさ）。
これを作る者は、なぜか賤視されていた。

　白山神社うんぬんは、東日本の被差別部落の氏神には同社が多い事実を背景にしている。その場合、白山はシラヤマといい、一般村落のハクサンとは違うとの趣旨であろう。これはおそらく高木の指摘だと思われ、浜通り南部あたりでは、あるいはそういうこともあったかもしれないが、より広い範囲については全く当てはまらない。ハクサンとシラヤマの発音の差がバンタの神かどうかの目安になるなどといったことは、ありえないと断言できる。なお、バンタは番人、番非人を指す差別語で、ここでは被差別民の意に用いられている。

ネフスキーのこの文章で注目されるのは、バンタのほかに特殊部落（ここでは被差別民の意）として箕直しと筬掻きがあり、主に中神谷にいたとされている点である。箕直しは既述のミナオシのことであり、筬掻きは機織り道具の筬を作る職業者である。オサカキについては、のちに詳しく述べることにしたい。

彼らが多くいたという現平中神谷は、千五穴の北三キロほどの当時は農村部であった。四倉町からも七、八キロしか離れていない。このあたり一帯でも、ミナオシ差別があったことが、はっきりとわかる。

第三章　大都市わきの乞食村

1　大阪・天王寺のミカン山

平成二十六年三月、大阪市街の南部、JRと大阪市営地下鉄天王寺駅の真ん前に、高さ三〇〇メートルの超高層ビル「あべのハルカス」が完成・開業した。地上六〇階、地下五階のこの建物は、完成時点では日本一の高層ビルであり、それは現在（平成二十八年夏）でも変わっていない。

大阪における高層建築物の代名詞であった（そして、いまもそう呼ぶこともできる）「通天閣」は、ここから北西八〇〇メートルほどに位置している。その高さは展望塔でありながら一〇〇メートル、背くらべではもはや、あべのハルカスに対抗できる構造物ではなくなった。ただし通天閣には、まだ老舗《しにせ》の格といったものがあり、人は三〇〇メートルの方を「平成の通天閣」と呼んで、一〇〇メートルへの敬意を表しているのである。

天王寺駅の四〇〇メートルばかり西に現在、大阪市立大学医学部附属病院が建っている。ここに病院が設立されたのは、大正十四年（一九二五）十月であった。当時は大阪市立市民病院といった。病院は、昭和十九年（一九四四）に開校した大阪市立医学専門学校の附属となり、同校が大阪市立大学医学部に移行するとともに、いまの名称となった。それが昭和三十年のことである。病院ができる前、すなわち「あべのハルカス」が竣工する九〇年くらい前まで、そこは「ミカン山」と呼ばれる小高い丘であった。丘は、清水精一『大地に生きる』（改題『サンカとともに大地に生きる』河出書房新社）によると「一面が林であり、櫟《くぬぎ》や栗の木などの雑木林であつた」といい、宮本常一『山に生きる人びと』では「草地の台上であった」と表現されている。両書と、それぞれの著者については、のちに詳しく紹介することにしたい。

ミカン山は、大正時代（一九一二―二六年）の半ばすぎまで、おそらく日本で最大規模の乞食たちの集住地であった。そこでは三〇〇人もの人びとが暮らしていた。住まいは次のようなものであった。

〈この生活者は天幕を張つたり、古蓆《むしろ》で小屋を掛けて居るのであるが、天幕など言つても決して綺麗なものではない。それは頗《すこぶ》る穢《きたな》い布を幾枚も合せたものであるが、何時もそれを使用して居るから雨露を凌ぐには充分である。大抵小さいのは十畳位《くらい》からで、中には二十畳位の面積を持つて居るのもあるが、比較的多いのは十二畳位のものである。その中に多きは十七八人から少なきも十人位は生活するのであるから、随分密集生活である。然《しか》しこうした人達は寧《むし》ろその密集生活を喜ぶのである〉

〈その小屋には中央に炉を切つて自在鍵で上下自由に出来る様になつて居るのであるが、その自在鍵には何時もふるすぼつた鍋が掛つてゐてそれで一切のことが弁ぜられるのである。飯も

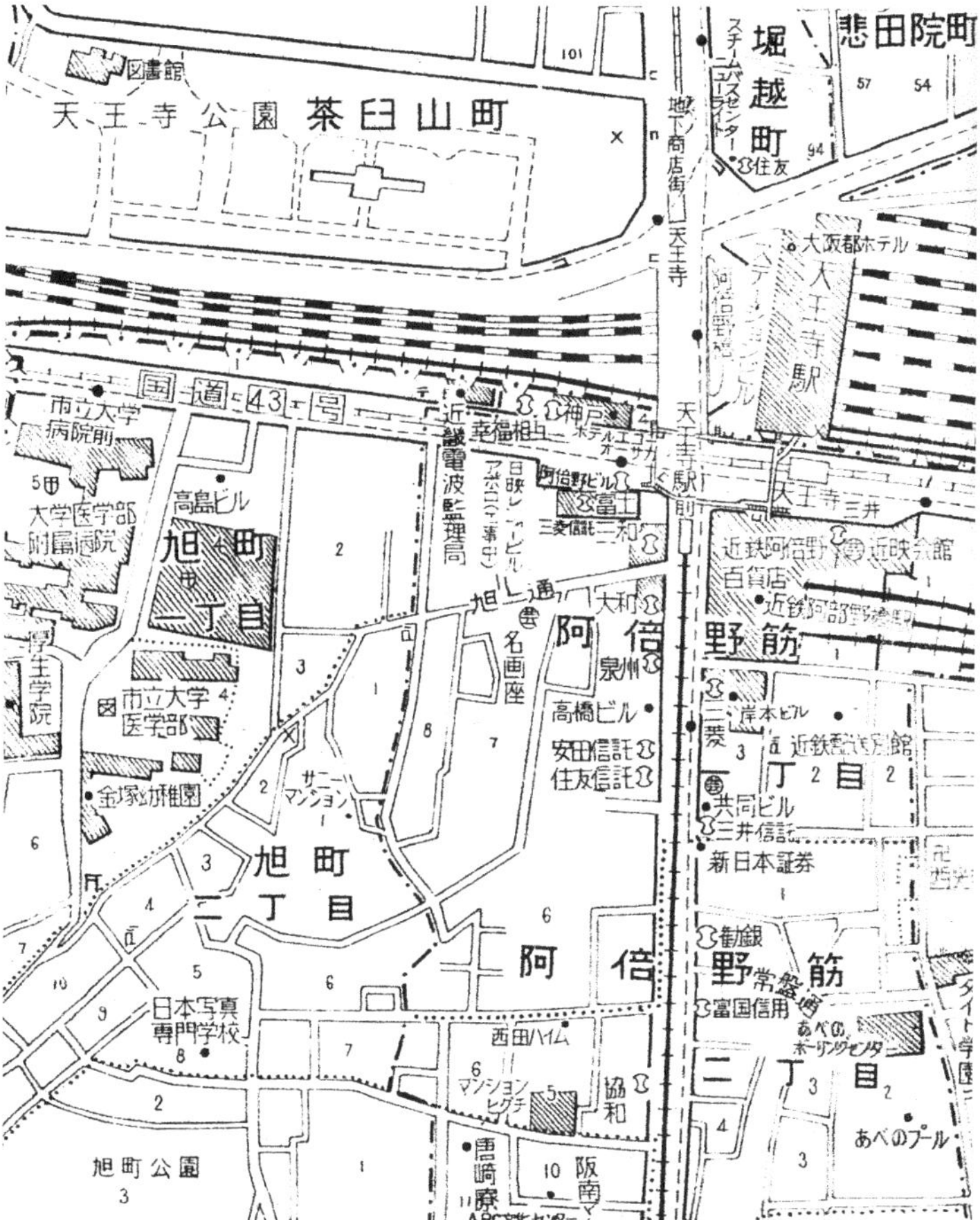

昭和35年（1960）ごろの大阪・天王寺周辺。中央左端あたりが、もとのミカン山になる。
日地出版『大阪区分地図帖』より。

煮る、副食物も煮る、時には顔をも洗ふこともあれば、不浄ものさへ洗ふのである。浄穢《じょうえ》混合である、寧ろそのま、が浄穢不二になつて居る（『大地に生きる』第一三章「乞食の群れにて」第二節。振り仮名は引用者）〉

ミカン山の住民が使っていた天幕は、作りこそ第一章で紹介した須藤トヨらのテンパリと同じであったが、格段に大きかったことがわかる。一方は六畳ほどだったのに、他方は平均で一二畳くらい、最大のものは二〇畳もあったのである。今日、運動会の折りなどに張る日よけのテント並みの広さだといえる。その中に一〇人から一七、八人が寝起きしていたというから、その光景は壮観かつ異様であったに違いない。

彼らは一体、どんな仕事で糊口をしのいでいたのだろうか。ミカン山で暮らすことになった清水は、次のように記している。

〈始めて行乞《ぎょうこつ》した自分には、純真な乞食は味はへなかつた。一日の物乞ひで私は十銭五厘を得たのである。隣りで同じ様に貰つてゐる姉《あねえ》（頭《かしら》の娘＝引用者）は一円六七十銭も貰つてゐるといふのである。乞食の技巧は何《いず》れにあるのやらと思ひながらたづねて見た。すると姉は、乞食の上手下手は別にないよ、お前の物貰ひの足りないのは頭の下げ様が足りないからだ。と云はれた。頭の下げ様が足らぬ、私は痛い急所を突かれたのである。

乞食は技巧ではない。たゞ土下座である（同書第一二章「乞食（行乞）」第四節）〉

すなわち彼らの生業は、言葉のもっとも普通の意味における「乞食」にほかならなかった。

清水は、ミカン山の住民を「山窩」だとも書いている。後述の宮本常一『山に生きる人びと』でも同様である。しかし、その生業は栃木県矢板市郊外の仏沢にいた集団とは明らかに違う。前者を、語源も意味も必ずしも自明とはいえないサンカなる名で呼ぶ必要はなく、また適切でもない。

ただし、このあたりはのちに改めて取り上げることにして、清水とはどんな人物だったのか、なぜ乞食の大集落で暮らす道をえらんだのかに触れておきたい。

2 「ともにゆく人」清水精一

『大地に生きる』は昭和九年（一九三四）、同朋園出版部から上梓されている。同朋園は、清水がミカン山の乞食たちを普通の生活者にするため、兵庫県武庫郡山田村上谷上《かみたにがみ》（現神戸市北区山田町上谷上）に建設した更生・授産施設であった。同書は、そこを版元にしているが、おそらく自費による出版だったと思われる。清水は、この二年後にも『共にゆくもの』と題した単行本を、同じ形で出版している。清水の著書としては、この二冊があるだけのようである。

両書とも清水精一の一種の自伝だが、「魂と求道《ぐどう》の記録」といった趣きがあり、そこでは著者の経歴などはほとんど語られていない。清水が「大阪の高槻」で生まれたことは記されていても、それがいつのことかわからないほどである。著者はまた自らの体験を、しばしば綿密に述べているが、それらの時期がはっきりしない場合も少なくない。精神的、形而上的な世界へのこだわりが強すぎて、時期とか場所については不自然なくらい関心を欠いていたといってよいだろう。

清水の経歴などに触れた記録は、わたしが気づいたかぎりでは皆無に近い。それで、大阪・天王寺の乞食村についての理解を少しでも助けるためと、この「求道の人」というべき人物の生涯を紹介するために履歴書のようなものを記しておきたい。典拠は右の二冊の本と、遺族の方々のお話である。ただし前述のように、著書ではいつ、どこでのことか判然としない場合も多く、また身内の中には詳しく語ることを好まれない方もいる。清水は長く乞食とともに暮らした人であり、それは彼らの救済のためだったとはいえ、そのような生き方に反対した実弟は血書をしたためて自殺している。清水の行為は、一族にとって必ずしも好ましいことばかりでもなかったのである。

清水精一師（以下、こう呼ぶことにしたい）は明治二十一年（一八八八）十月、現在の大阪府高槻市野田で生まれている。家は、かなりの土地を所有する地主であり、高槻でも有数の旧家であった。同三十四年の年末、師が数えの一四歳のとき、この一帯で小作争議が起き、隣村では小作人に襲われた地主の一人が死亡、一人が重傷を負っている。父は襲撃を恐れて身を隠したのだった。その折り、朝夕、笑顔で接していた小作人たちの態度の急変が、師にさまざまのことを考えさせるきっかけになったという。

清水師は、前記の二著書では自分の学歴にはいっさい触れていない。ただし、新潟県新発田《しばた》市の骨董・古美術の店「宝殊庵」の経営者がインターネットに載せているブログによると、京都帝国大学に学んだということである。何かの出典あってのことであろう。

師は、そのあと京都・伏見に酒造会社を設立、経営に当たっていたらしい。しかし師は、この種の事業には天性、不向きな人間であった。おそらく一、二年で、その職を退き、大正元年（一九一二）の秋、京都・嵯峨の臨済宗天龍寺の寺男になっている。数えの二五歳であった（以下、年齢はすべて数えによる）。半年ほどで雲水（行脚僧《あんぎゃ》）になっているが、正式の僧ではなかった。同寺にいたのは、足かけ三年であった。

大正三年の秋から同五年の春にかけて、「丹後と若狭と山城の三州が連つて居る深山」で独居生活を送る。しかし、丹後と若狭は接しているが、山城はいずれとも少し離れている。どうも、そこは京都府の北部、丹波高地のどこかだったようである。とにかく、人の姿など全くない山中に粗末な小屋を建て、松の葉や木の実、自然の果実のみで腹を満たしつつ、座禅などの修行に日を送ったのだった。雪の降るときなど、数頭のキツネ、タヌキがそばを離れないことがあったという。

大正五年（一九一六）の春に山を下り、大阪の貧民窟で暮らしたあと、同年十二月に初めて天王寺ミカン山の乞食村を訪ねている。そうして、「ドン底のドン底から湧き出て来る真情の水を味はねばならぬと感じ」（『大地に生きる』第一二章「乞食（行乞）」第一節）、翌年二月から彼らの仲間になるのである。三〇歳であった。

会社経営を捨てての禅宗寺院での修行、足かけ三年にわたる深山での孤独な生活、金に困る身でもないのに貧民窟で暮らし、ついには乞食として他人に土下座する日々……この人には常人の理解を超えた心の葛藤があったらしい。

3　親分と娘

もとのミカン山すなわち、いまの大阪市立大病院の現住所は、大阪市阿倍野区旭町一丁目になる。天王寺区は、すぐ北側のJRの線路より北になる。しかし、清水精一師がミカン山で暮らしはじめたころ、そこは東成郡天王寺村に属していた。つまり、まだ大阪市外であった。

その小高い雑木の林に天幕や古蓆の小屋を掛けていた乞食は、既述のように三〇〇人ばかりもいた。親分を「チャン」と呼んでいた。それは大阪や近隣の同種集団のあいだでも同じだったが、この呼称が使われていた範囲について、わたしは確認していない。

大正六年（一九一七）当時、ミカン山のチャンは関東の人間であった。埼玉県・秩父の出身か、明治三十二年（一八九九）ごろ娘が生まれたとき秩父にいた。そうして、大正の初めまで関東地方で暮らしていた。

チャンの一家は代々乞食であった。何代もつづけて、乞食を稼業としてきたのである。それは無籍であることを意味した。おそらく、家族全員が文盲であったろう。清水師は、ミカン山の住民六〇人から乞食になった「動機」について聞き取りをし、その結果を『大地に生きる』に書き残している（第一三章「乞食の群れにて」第七節）。

賭博癖　一五人

癩病　二人
飲酒癖　一五人
父母による理由（主として少年）　五人
精神病者　二人
親譲り　二一人

右の「父母による理由」とは、「継父母などの虐待」を指している。「親譲り」が代々乞食のことで、聞き取り対象者の三分の一ほどを占めていたことがわかる。全員を調べても、その比率はほぼ同じになったのではないか。とにかく、もっとも数が多く、かつ集団内での勢力も他を圧していた。

チャンは、その代々乞食だったとはいえ、もともとが関東の人間であるうえ、大正初年までそちらで暮らしていた。ところが、清水師がミカン山の乞食の群れに合流した同六年には、すでに三〇〇人からの大集団の親分になっていたのである。そんなことが、なぜ可能であったのか、清水師の文章からはうかがえない。察するに、彼らのあいだでは仲間になってからの年数の長短は内部での地位にほとんど影響しなかったことと、チャンの人物の大きさが理由だったのではないか。

チャンには妻と、少なくとも娘が二人いた。子供のうち上の娘がミカン山にいたことは、はっきりしている。清水師は、その女性と結婚しているのだから、チャンやその家族については詳しく知っていたはずである。しかし、著書では彼らのことに、ほとんど触れていない。一つには、チャン一家への配慮からだと思われ、また一つには自らの家族、親族への心ない中傷を避けたかったためではないかと推測される。

清水師自身は、代々乞食の女性を妻にしたことを気にしたり、隠したりするつもりなど少しもなかったろう。だが、世間の口さがなさや偏見は十分に承知しており、著書を上梓したときには四人になっていた子供たちの将来と、高槻在の親類への気配りから必要最小限のことだけを語っておくことにしたのではないか。「あそこのお母さんは、もとは乞食だった」と、子供たちが指さされて傷つくことを恐れたとしても不思議ではない。それは自分自身の生き方とは、また別の問題であった。遺族の中に、師について話すことを好まれない方がいるのも、やむを得ないことだといえる。

右のような事情で以下は推測をまじえた記述になるが、チャンは明治元年（一八六八）前後に関東地方のどこかで生まれたようである。人別帳に名は載せられず、したがって正式の姓名ももっていなかったろう。第一章で紹介した須藤トヨさんの祖母ヤスさんも、そうであった。彼らは身分的には「野非人《のひにん》」に分類されていた。社会の埒外に位置づけられていた人びとであった。

のちに清水師の妻となる娘は、明治三十二年（一八九九）ごろ埼玉県で出生したようである。『大地に生きる』によると、彼女は清水師に次のように語っている（第二章「乞食」第二節）。

〈親が乞食であるが故に、たゞ乞食をして歩いて来た。子供の頃は本当に楽しかつたと言ふ。

泥べたの土下座も苦ではなかつた。冬の寒さも他人の思ふ様に苦しいものではなかつた。然《しか》し十四五歳にもなると、そろ〳〵苦の世界へ入つて来る。頻《しき》りに前途の事などいろ〳〵考へられた。自分も尊い人間に生れて来て、それに非人と云ふ人でない者だ、と思ふと、どうしても乞食をして歩けなくなつた〉

それで、東京のある家庭へ住み込んで女中奉公をすることになる。「こんな光明と希望に輝いた生活は無かつた」が、半年ばかりたったある日、たまたま自分の妹がこの家へ物乞いにやってくる。思いもかけぬ再会に、姉妹は長いあいだむつまじく話し合った。その様子から自分の出自が露見して、娘は解雇されてしまう。これが大正二年（一九一三）前後のことらしい。清水師が京都・嵯峨の天龍寺で雲水をしていたころである。

4　清水師の結婚

チャンの娘は、清水精一師より一一か一二歳くらい若年だったようである。二人の結婚がいつのことか、はっきりしない。ただ、夫婦には女、男、男、女の順に四人の子がいて、その生年は昭和四年（一九二九）、同五年、同七年、同十年である。第一子の誕生は二月なので、昭和二年か三年の初めごろの結婚だと考えたら計算が合う。昭和二年当時、清水師は数えの四〇歳であった。

しかし、右の推測どおりだとすると、ある不審が生ずる。清水師がミカン山で暮らしはじめたのは三〇歳のときであった（このあたりの年齢は、すべて数えである）。その当初から二人は顔見知りだったのに、なぜ一〇年もたって夫婦になったのだろうか。清水師が決心しかねていたという可能性は、まずない。師は相手の出自など問題にしていなかった。女性が若すぎるとも考えていなかったろう。当時、十代で嫁に行く女性は、いくらでもいた。三〇歳近くまで待つ必要はなかったはずである。

そうだとするなら、次のような理由があったかもしれない。正式の結婚となれば、相手に籍がなければならない。籍を得る手続きに多少の時間はかかったと思われる。裁判所に所定の書類を提出し、それを証明する人と証拠物件がいったからである。ただし、これにそう長い期間を要したことはあるまい。当時、無籍者は、そこら中にいた。日本全体で数万人はいたのではないか。裁判所は就籍の認定には慣れており、申請者の話が事実であることがわかれば、わりと速やかに決裁していたようである。

清水師が、娘を妻とするまでに長い年月をかけたのは、おそらく娘の文字教育のためであった。結婚すれば子供が生まれる。その子らのしつけと教育には、読み書き、そろばんの能力は欠かせない。清水師は、そう考えて娘が十分な力を身につける日を待っていたのではなかったか。ただし、ここらあたりはあくまで、先の仮定（知り合って一〇年ほどたってからの結婚）に誤りがないとしての話である。

いずれにしろ、家族の反対はあった。清水師が乞食とともに暮らしているのが家族に知れたのは、ほんの偶然からであった。行乞生活を始めて間もないある日、ミカン山に近い四天王寺の門前で道行く人びとに頭を垂れていたところ、たまたま参詣に来た従姉《いとこ》にそれを目撃されたのである。それまでは、師が乞食村にいることなど家族のだれも想像もしていなかったのである。師は京都北部の山中へ入って以後、連絡を絶っていた。死んだものと思われて、家の仏壇には法名を記した掛け軸まで掛けられていたのである。法名は多くの仏教宗派で戒名と呼んでいるが、浄土真宗では、そう称している。清水家は代々、熱心な真宗大谷派（お東さん）の門徒であった。

従姉の知らせは当然、親類を含めた縁者のあいだで大問題となる。清水師は長男であった。本来なら次の家長である。高槻でも有数の旧家を継ぐ身であった。それが乞食をしているというのである。親族会議が開かれ、多くの人は廃嫡を主張した。しかし母の強い反対で、それは見送られた。

ある夜、母がたった一人でミカン山の天幕を訪ねてきた。清水師は、さぞかし小言をいわれることだろうと思っていたが、母は、

「達者でよかったね」

とつぶやいただけで、しばらくじっと師を見つめた。そうして言葉静かにつづけたのだった。

〈聞けばお前は、人の涙と涙の通ふ中に、世の真相を味ひ得たいとのことであるそうだが、そうした心になつて呉《く》れたことはこの母も悦びに耐えぬが、こうしたことを云ふと、お前は、定めし母は心狭い女と思ふかも知れないが、どうあらうとも、吾子に乞食させて居るには忍びない。今日はお前に頼みに来たのだが（『共にゆくもの』の「母を憶ふ」より）〉

清水師は深く頭を垂れて、それを聞いたあと「已《や》むに已まれぬ願心をそのままお願ひ」して、いまここを去ることはできないと訴えたのだった。すると母は「能《よ》く解つた、決してこの母のことや家のことなど心配をして呉れぬ様、お前の道に進んで下さい」と言い残して帰っていったという。

その母が亡くなったのは、それから半年ほどのちのことであった。病死だった。大正七年（一九一八）ごろであったと思われる。

清水師は既述のように長男であり、ほかに少なくとも弟が二人いた。姉妹については、いたかどうか著書では全く触れていない。とにかく、その下の弟は兄の乞食生活をいさめる血書を残して自ら命を絶っている。それが母の死の前後だったようである。

上の弟も、おそらく病死だろうが、昭和十年（一九三五）、清水師が『共にゆくもの』を脱稿したとき、すでに故人となっていた。高槻の広い家には、七三歳の父が独りで暮らしていた。

右のような事情を、チャン夫婦や娘がどの程度、知っていたのかわからない。いくらかでも知っていれば、その人たちは清水師との結婚話を強く断りつづけたのではないか。二人の結婚が昭和初年になってからであるとしたら、あるいはそれが最大の理由だったことも考えられる。

5　乞食村を出て

清水精一師が大阪・天王寺のミカン山で行乞生活をしたのは、大正八年（一九一九）までであった。その暮らしは足かけ三年ということになる。

清水師は、他人に金品を乞うことをやめて仲間とともに「労働する人間」になる決心をしたのだった。きっかけは乞食狩りであった。何かといえば、警察に追い立てられる暮らしではいけないと考えたのである。その提案には、住民三〇〇人中の七〇人ほどが賛成した。むろん、チャンの一家も含まれていた。

彼らは「拾い屋」になった。その辺に落ちている紙くずやごみを拾い集めて、わずかな金に換えるのである。半分ほどは近くの養老院跡にバラックを建ててそちらへ移り、残りは相変わらずミカン山の天幕で寝起きしていた。その仕事には一つ問題があった。盗みとの境がはっきりしないことである。拾う方は「落ちている」と思っても、持ち主がいて「置いてある」と言われることがあったからである。おそらく、それで警察ざたになった場合があったのではないか。

大正九年、清水師は行政に働きかけて、七〇人の大部分を大阪市と天王寺村の掃除夫に雇ってもらう。さらに、その翌年には若い者たちに手に職をもたせようと、大阪・飛田《とびた》の菓子屋と交渉して、そこへの就職も実現させている。つづいて体力のある者を静岡県富士郡の富士山麓へ送り込んで、開墾に従事させたこともあった。ほかにも、二ヵ所くらいに一部の人びとを移して、更生・授産施設としていた。

彼らをひとまとめにしたのは、昭和五年（一九三〇）のことである。兵庫県武庫郡山田村上谷上《かみたにがみ》（現神戸市北区山田町上谷上）に一万坪（三万三〇〇〇平方メートル）の山林を確保し、ここを開拓して農地にすることにしたのだった。もちろん地内に住宅も建設され、それらを含めて

「同朋園」と名づけられた。そこは神戸有馬電車の谷上駅から北へ二〇〇メートルばかり、いま兵庫県立上野ケ原特別支援学校ひかりの森分教室が建っているところに当たる。

清水師の一家も、ここに住んでいた。このころになると、師は社会活動家として一部の人びとには、よく知られていたようである。しばしば各方面から講演を依頼され、あちこちを飛びまわる日々がつづいていた。留守を守ったのは妻であった。前にも記したように、山田村へ移る直前の昭和四年(一九二九)から同十年にかけて四人の子供が生まれている。その世話に加えて、同朋園の運営もあった。長女は平成二十六年三月、わたしの電話取材に対して次のように話していた。

「父は講演などで留守がちでした。母はそのあいだ家と園とを守っていましたが、病身でしたから、とても苦労をしました。父は、自分たちには厳しい人でした。だけど、いつも人には優しくしなさいと言われていましたね」

この女性は生涯、独身であった。母を助けたいという思いからだったかもしれない。

ついでながら、長男は中国地方で、ある私立大学の設立にかかわる仕事をつづけ、長くそちらの方に住んでいた。右の時点ではすでに亡くなっており、その妻は、

「精一さんは厳しい感じの方でした。結婚前、わたしを横にして主人に、お前と二男を合わせても、わたしのような生き方はできまい、と話すのを聞いて不思議な気がしたことがあります」

と言っていた。女性は、清水師の戦前の暮らしについては、ほとんど知らないようであった。

二男は、東京の私立大学で長く教壇に立っていた。インド哲学、インド美術の研究者であった。

この人も先の時点で故人となられていた。二女はお元気で、近畿地方に住んでおられた。清水師の妻が、いつ、どこで亡くなられたのか、わたしは確認していない。

清水師は昭和四十六年（一九七一）八月一日、胃がんのため死去している。満の八二歳であった。

戦後、日本の福祉政策が充実してくるにしたがい、師のような個人の力による救済活動の比重はどんどん小さくなって、それとともに師の名前を記憶する人も少なくなっていったようである。七〇歳ごろには刑務所の教戒師をしていたというが、七〇代の半ばで体調をくずしたあとは高槻の生家で過ごすことが多くなっていた。

6　大阪には、ほかにもいくつかあった

民俗学者、宮本常一《つねいち》は明治四十年（一九〇七）、現在の山口県大島郡周防大島町西方《にしがた》で生まれている。周防大島は屋代島ともいい、瀬戸内海では淡路島、小豆島に次いで三番目に大きい。家は農家であった。

宮本は大正十二年（一九二三）春、いまなら中学を卒業した年齢に当たる一五歳のとき大阪へ出て一年間、逓信講習所で学んだあと大阪市内で郵便局員になった。しかし、二年後には大阪府立天王寺師範学校（現大阪教育大学）に入学、昭和四年（一九二九）に同校専攻科（地理専攻）を卒業した。この間にも小学校教員や、ごく短期の兵役を経験している。

師範専攻科を終えたあとは、大阪府南部のいくつかの小学校で教壇に立ち、三二歳になった昭

和十四年、教職を辞して上京、実業家で民俗研究者でもあった渋沢敬三が創立した民間の研究機関「アチック・ミューゼアム」に入り、それからはずっと民俗研究に専従する生涯を送った。上京後は別にして、宮本は多少の中断はあったにしろ、一五歳から一七年間を大阪で過ごしており、大正末期から昭和初期の大阪のことに詳しかったといえる。

宮本は、のちの著書『山に生きる人びと』(一九六四年、未來社／河出文庫)でミカン山の乞食村に言及している。清水精一師とは違った視点から、ミカン山のみならず大阪の乞食集団が取り上げられているので、少し長くなるが該当部分を引用しておきたい。

〈サンカについて学者こそ注意の目は向けなかったとしても、民間では早くから問題にしていたのである。サンカのいるところ必ずそこに犯罪があったからである。しかもサンカの群はきわめて多かった。奈良・大阪地方ではこの仲間をサンカともヒニンともよんでいた。そしてその数を正しく知ることはできなかったが、おびただしいものであったと見られる。私が大正の終り大阪にいたころにはまだいくつかの大集落を見かけた。大阪天王寺駅の西方、現在市民病院のたっているところはもとはミカン山といって草地の台上であった。その台上に筵《むしろ》でかこった小屋の大集落があった。それがサンカの部落であった。おなじころ、大阪市の新淀川にかかっている長柄《ながら》橋の下の川原にも大集落があったし、淀川にかかった都島橋の下にも筵張りの大きな部落があった。これを目して乞食の村だといっている者もあったが、「あれはサンカだ」と教えてくれた人があった。私はこの集落につよい興味をおぼえてはいりこんでいろいろ話を聞いてみたいと思って、都島橋の下ではこの仲間といっしょに水泳をしたり、夕暮の一ときを話してみたりしたことはあるが、ついに親しく交わることはなかった。ただ、昼間はうすぎたなくしている娘たちが、夕方川で水浴して髪をくしけずり、浴衣を着ると見ちがえるように美しくなって、それが橋の上に上って欄干に寄りかかって夕涼みをしているのを見ると、橋下の筵小屋の住民とは思えなかった。その橋下の仲間は長柄橋の下の仲間やミカン山の仲間ともたえず交渉を持っているとのことであった（同書第五章「サンカの終焉」）

宮本の上阪は大正十二年春だが、その翌々年の秋にはミカン山に市民病院が建てられている。宮本は、ここの乞食村が消滅する直前の姿を目撃したのだと思われる。

宮本はミカン山や都島橋下、長柄橋下の住民を、どんな根拠にもとづいてのことか、サンカであると決めつけている。この理解には大きな疑問があると考えるほかない。宮本は後述のように、熊本県上益城《かみましき》郡の蘇陽峡に住んでいた人びともサンカだとしており、それについてはミカン山などの場合以上に問題がある。宮本の指摘がなぜ適切でないのか、のちに九州の非定住民を取り上げる際、詳しく記すことにしたい。

いまここで注目しておきたいのは、ミカン山のほかにも、

- 長柄橋下の新淀川の河原（現大阪市北区―東淀川区。新大阪駅の南東一・五キロほど）
- 都島橋下の淀川の河原（現大阪市北区―都島区。JR大阪環状線天満駅の北東〇・七キロほど）

にも乞食の大集落があり、お互いのあいだに交渉があったことである。『大地に生きる』によると、さらに、

- 現大阪市福島区の海老江《えびえ》（淀川大橋の南詰めのあたり。実際には橋の下であったか）にも同様の集落があったという。

これらはみな、住民がおそらく一〇〇人を軽く超していたらしい。つまり、大規模な乞食村が大阪市中と、その近辺に何ヵ所もあったのである。そうして、もっと規模の小さなものであれば、全国各地におびただしく見られた。記録にはまず残っていない、それらの集落の一部については、このあと順を追って紹介していきたい。

7　天王寺ミカン山の沿革

江戸時代、大阪の非人たちは「垣外《かいと》」と呼ばれる地域に集住していた。垣外は元来は「垣内《かきうち》」と書くべき言葉で、垣で囲まれた区域を指していた。それが、いつのころからか村落を意味するようになる。一方、カキウチはカイチ、カイツ、カイトなどに訛ることも少なくなかった。カイトの音になると、いきおい垣外と元とは逆の文字が用いられる例も現れる。貝戸、皆渡、開土、海道《かいと》などと書く場合もあるが、要するに村・集落のことである。

部落もむろん村落のことだが、周知のように今日では、しばしば被差別部落の意に使われている。同様に、本来はただ集落を指していた「カイト（どんな漢字を宛てるかにかかわらず）」や「在所《ざいしょ》」を被差別部落の隠語としている地方がある。江戸期の大阪の垣外も、それだといえる。

ただし、これは公用の言葉であった。

大阪には四ヵ所に垣外があった。天王寺、鳶田《とびた》(のちには普通、飛田と書いた)、道頓堀、天《てん》満《ま》である。それぞれ現在の、

- 天王寺区悲田院町のあたり
- 西成区萩之茶屋の周辺
- 中央区難波三丁目付近
- 北区の大阪環状線天満駅のあたり

にあった。いずれも、いまでは大阪市に属しているが、江戸時代には市中の周縁に位置していた。

天王寺垣外のあった悲田院町は、聖徳太子の建立と伝える古刹、四天王寺(通称、天王寺)のすぐ南になる。悲田院は貧民や病者の救済を目的にした施設のことで、養老七年(七二三)、光明皇后が奈良・興福寺に悲田院と施薬院を設けたとする『扶桑略記』の記述が資料上の初出とされている。中世になると各地に造られ、非人集団の拠点ともなっていた。そのため、のちには非人の別称として用いられることもあった。天王寺垣外は、四天王寺とのつながりが強く、同寺に対しては「悲田院」と称しており、それが現在の町名に受けつがれたのである。

鳶田垣外は、天王寺垣外の一キロばかり西にあった。かつて、この一角にあった飛田遊郭の「飛田」はその遺称であり、いまでも一帯は飛田新地と呼ばれている。ここの西側が「釜ヶ崎」の通称で知られる日雇い労働者の街である。行政側は、だいぶ前から「あいりん(愛隣)地区」

の名を使っているが、住民らはみな、相変わらず「釜ヶ崎」「カマ」の呼び方を変えていない。釜ヶ崎の地内には、昭和四十八年（一九七三）まで海道町があった。これは一般にカイドウと発音していたようだが、もとはカイトであったと思われる。

ミカン山は、天王寺垣外と鳶田垣外のちょうど中間あたりに位置していた。いずれも、ある広がりをもった地域だから、三つは実質的にはほとんどつながっていたろう。

明治維新後、大阪にかぎらず非人の集団は急速に解体されていく。穢多集団は非人にくらべ人口が多かったうえ、土地との結びつきが強くて簡単に崩壊しなかった。しかし、非人はもともと転びキリシタン（キリスト教からの改宗者）や心中の生き残り、飢饉の際の逃亡農民など雑多な階層を含んでいて流動性が高かったため、明治四年（一八七一）に賤称廃止令（賤民解放令）が出ると、ほとんどが四散していく。すなわち、穢多身分だった人びとは以後も長く被差別部落に閉じ込められる形で差別を受けつづけるが、非人階級はどこかへ消えた格好になったのである。

とはいえ、江戸期まで認められていた勧進《かんじん》（行乞行為）の権利を失い、その日の食いぶちにもこと欠く者が大部分であったろう。垣外の上層部は域内に家を持っていたから、そのまま住みつづけたようだが、手下《てか》たちはそうはいかなかった。天王寺や鳶田の場合、住む家もなく、勧進権も失った階層が、まだ未利用地だった近くのミカン山に集まったことは想像に難くない。これに他所からの貧窮民が合流し、大正の初めには住民三〇〇人ほどの日本でも屈指の乞食村になっていたのではないか。

旧地で暮らせなくなったからといって、いきなり見ず知らずの場所へ移るのは簡単ではない。

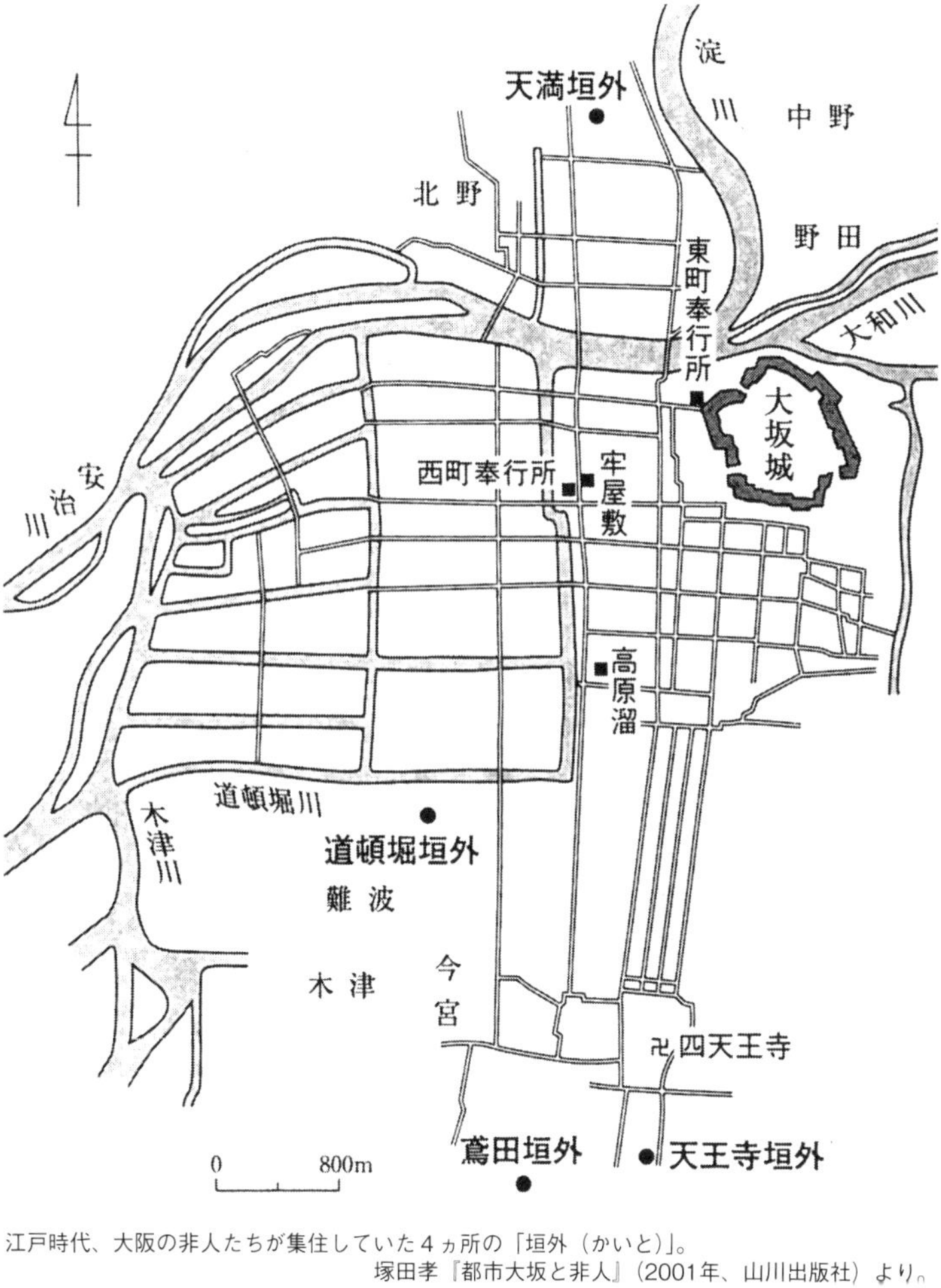

江戸時代、大阪の非人たちが集住していた4ヵ所の「垣外（かいと）」。
塚田孝『都市大坂と非人』（2001年、山川出版社）より。

前節で紹介した乞食の大集落のうち、長柄橋下や都島橋下が四ヵ所の一つ天満垣外に近かったことは、おそらく偶然ではないと思う。

江戸期の非人集団と、近代の乞食との関係については、このあとさらに取り上げることにしたい。

第四章　カッタイ道は実在したか

1　シラサ峠

前章で紹介した宮本常一は、昭和十六年（一九四一）の一月と十二月の二回、現在の高知県吾川郡いの町寺川を訪ねている。

同氏の『忘れられた日本人』（一九八四年、岩波文庫）によると、一月に行って辞去するとき「旅の人はまた来るというけれど二度来た人はない」と言われ、つい「私だけはもう一度必ず来ます」と言ってしまった手前、再度の訪問になったという（同書「土佐寺川夜話」）。

寺川は当時はむろん、いまでも相当の僻地である。そこは四国山脈の脊梁直下の標高八〇〇―九〇〇メートルに位置して、四国第一の大河、吉野川の最源流とされる白猪谷《しらいだに》の入り口近くになる。

宮本は、日本海軍がハワイ真珠湾を奇襲攻撃して太平洋戦争が始まった昭和十六年十二月八日の翌日、愛媛県周桑《しゅうそう》郡小松町（現西条市小松町）から県境のシラサ峠（一四〇六メートル）を越えて寺川へ着いている。宮本は、この途中での経験を右の本にも記しているが、次は前掲『山に生きる人びと』からの引用である。

〈山中を歩いていて一ばんおどろいたのはカツタイ《（ママ）》道の話であった。このことは「忘れられた日本人」（未來社刊）のなかにも書いた。昭和一六年一二月、愛媛県小松から山をこえて高知県寺川へ行く途中、西之川山というところの山中で、一人のレプラ患者の老婆に会うた。老婆であるかどうか、顔はくずれてしまっているので年齢はよくわからなかった。男か女さえもわからぬほどであった。髪はあるかないか手ぬぐいでおおっており、ぼろぼろの着物を着、肩から腋《わき》に風呂敷包をかけていた。杖をついていたが手に指らしいものはなかった。この老婆に会うたとき、私は全くはっとした。そこは大木が全山をおおうていてうすぐらく、木の下は一面に熊笹が茂っていて、その笹の中の一ところがくぼみになっており、そこが道だった。まったくよけようもないところである。向いあったとき老婆の方から「伊予のなにがしというところまでどのくらいあるだろう」と聞かれた。私は五万分の一地形図を持っていたので、それを見たけれどもよくわからないので、「どうもよく知らないが、これを下っていくと西之川山というところへ出る。そこで聞いてみるとよいだろう」と答えた。そして「婆さんはどこから来たのか」と聞くと「阿波から来た」という。「どうしてここまで来たか」とたずねると、「伊予のなにがしというところにしるべがあるのでそこへ行きたい。こういう業病で人の歩く道をまともに歩けず、こういう道を歩いてきたのだが、四国には自分のような業病の者が多く、そういう者のみの通る道があって、それを通ってきた。西之川山へ出ないでなにがしへ行く道はないだ

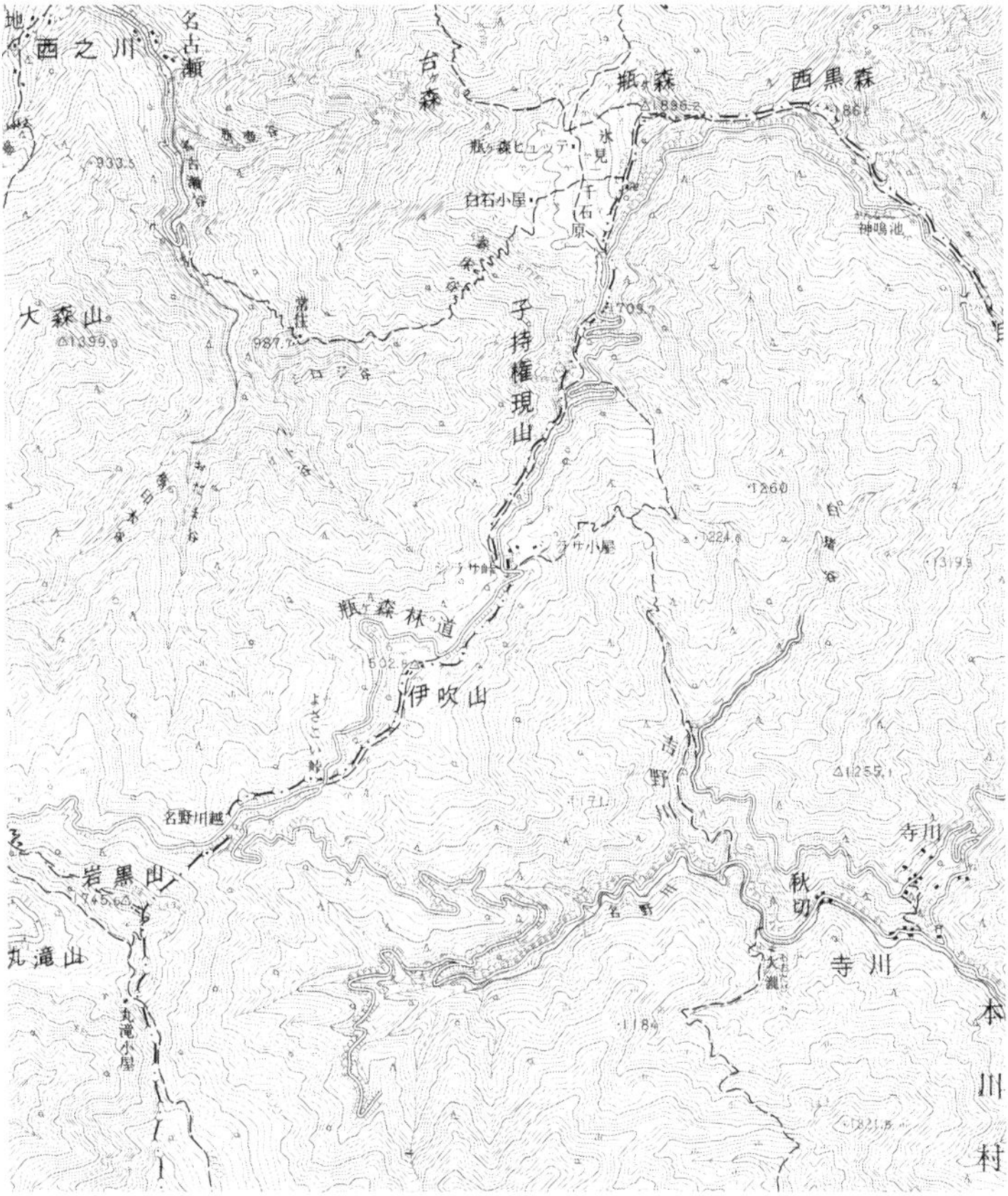

シラサ峠付近の地形図。峠から北西のハト谷へ下る道があったが、すでに書き込まれていない。
５万分の１図「石鎚山」より。

ろうか」という。土地に不案内で私は答えようもなかったし、それ以上話も聞かずに行きすぎてきたのだが、阿波から石鎚山の東まで山道をよぼよぼ歩いて、五日や六日はかかったであろう。どこで泊って何を食べてきたのであろうか（同書第二章「山民往来の道」）〉

カッタイは既述のように、ハンセン病者のことである。原義は「傍居《かたい》」、すなわち道のかたわらにいる者の意であり、それは乞食を指すこともあった。両者とも、そのようにして物を乞うたからである。本書第一章で紹介した須藤トヨさんらが使っていた「カッテボウ」は、カッタイにけちん坊、食いしん坊などの「ボウ」を付けた言葉である。

宮本が右のハンセン病者に会ったのは、シラサ峠の北側、現在の愛媛県西条市西之川の山中であったと思われる。その道は加茂川の最上流、名古瀬谷に沿って一四〇〇メートルを超す峠へ向かっていた。いまはハト谷から脊梁に近い三キロほどは廃道になって、人の通行は不可能のようだが、わたしの手元の昭和四十四年（一九六九）編集、同四十七年修正の国土地理院発行五万分の一地形図には、はっきりと道の印が付いている。ある時代までは、それなりに人の往来があったのであろう。

ハンセン病の女性は、高知県側の寺川集落のそばを通ってシラサ峠を越え、そのあとしばらく下ったところで宮本に会ったことになる。それから一七年ばかりのちの昭和三十三年八月、わたしは同じ道を歩いたことがある。当時、わたしは高知市内の中学二年生であった。夏休みに級友二人といっしょに、三泊四日の予定で四国の最高峰（西日本の最高峰でもある）石鎚山（一九八二メートル）への登山を計画したのである。子供ばかりでそんなことをすると話しても親たちが許すはずがないので、はるか下流の河原でキャンプをすると嘘をついて出てきたのだった。

寺川までは自転車だったが、まる一日かかった。翌朝、自転車とテントを寺川集落の下の雑木林に残して出発した。そうして、急坂を二、三時間かけて登り、シラサ峠に出たのである。ハンセン病の女性は、ここから西之川へ下っているが、わたしたちは尾根筋を西へ進んで、その日の夕方、石鎚の山頂に達している。

歩きはじめた場所の標高は七〇〇メートルほど、峠まではざっと七〇〇メートルの比高差であった。勾配は急だったが、道はわりと整備されていて、歩きにくかったという記憶はない。

2 「カッタイ道があった」

宮本常一はハンセン病者に会った日の夜、寺川の農家に泊めてもらっている。そこでシラサ峠へ登ってくる途中での経験を話すと、

「この山中にはカツタイ道というのがあって、カツタイ病の者はそういう道を歩いて行き来している」

と聞かされたのだった。

これだけを取り上げると、カッタイ道の存在は村人には常識であったようにも受け取れるが、必ずしもそういうことでもなかったらしい。『山に生きる人びと』には、つづいて次のように述べられているからである。

〈草木の茂りやすい山中にそれとわかるほどの道ができるには相当数の人が通らねばならぬわけだが、一般に通る人の道にも利用せられているのであろう。現に西之川山から寺川への道も一般の人の通る道である。寺川の村人からそれ以上のことは聞き出せなかったが、うわさに聞いていた道をカツタイが歩いていたのなら、やっぱり本当なのだろうと話しあった。そして山の中でもとくに不便な道をそういう人たちは通ったのであろう〉

右の記述には前後、矛盾したところがある。村人もカッタイ道の存在を確かめていたわけではなく、そんな噂を耳にし口にしていただけのことであろう。一種の山村伝説といえるかもしれない。

ここで余談になるが、宮本が泊まった家は川村家だったようである。わたしは平成十七年十一月末、本川《ほんがわ》神楽を見るため旧土佐郡本川村（現吾川郡いの町）を訪ねた。その神楽は成人男性だけで舞われる古風を残した民俗芸能で、国の重要無形民俗文化財に指定されている。神楽が始まるのは夕方からだったので、わたしはその前に同村北西端の寺川へ行ってみることにした。中学生時代に石鎚山へ登ったときの三人組の一人、青木昭男君がいっしょだった。

その折り、寺川でたまたま見かけて声をかけた方が川村芳英《よしひで》さんであった。大正十四年（一九二五）、寺川の生まれだという。一、二のことをうかがってみたら、村のことになかなか詳しい。わたしはじっくり話を聞きたいと思ったが、神楽の時間が迫っており、再訪を期すことにした。

それは二年半ほどのちの同二十年四月に実現した。このとき、わたしが川村さんにいちばん聞きたかったのは、耳塚のことであった。

寺川は江戸時代、山番人の村だった。一帯は土佐でも屈指の良材の産出地であり、隣国伊予（愛媛県）から山越えで木材の盗伐に来る者が絶えなかった。それを見張る役を藩から課せられていたのである。その代わり、寺川は年貢を免除されていた。

寺川の村民が盗伐者を捕まえた際、高知城下から派遣されていた山役人の指揮のもとで耳を切り取ってから放逐していたといわれている。耳は山中の定まった場所に埋め、そこを耳塚と呼んでいたというのである。前回の立ち話の折り、川村さんは耳塚があった場所を知っているような口ぶりに受け取れた。しかし、それはわたしの勘違いだったのか、川村さんは、

「耳塚のことは聞いたことはあるが、どこにあったのか知らない」

と答えたのだった。

川村さんは二年半のあいだに、だいぶ老け込んだように感じられた。「そんな昔のこと、もうおぼえちょるか（おぼえているものか）」と何度か口にした。耳塚のことも知らなかったのではなく、忘れてしまったのかもしれない。当時、川村さんは数えの八四歳だったはずである。

寺川の村はずれに残る山番人、松本直吉の墓。幕末、一人で盗伐者を捕えようとして逆に命を落とした。

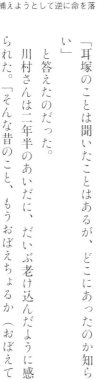

わたしは聞き取りの合間に宮本常一の名を挙げた。そうすると、「下の名は思い出せないが、宮本という学者がうちへよく来ていた」と答えたのだった。泊まっていったこともあったらしい。それは「子供のときではなかった」。しかし、いつごろかと訊いたら、「そんなこと、おぼえちょるか」であった。

宮本が寺川を訪れたのは、昭和十六年（一九四一）の一月と十二月の二回きりだったと思われる。その年、川村さんは一七歳であった。宮本が話をしたのは、川村さんの両親か祖父母かであったろう。

『忘れられた日本人』によると、当時の寺川は一七戸だったという。平成二十年でも一四戸と、家数はそんなに減っていなかったが、ほとんどが高齢者の夫婦か独り暮らしになっていたから、人口では三分の一以下になっていたのではないか。

川村さんはカッタイ道のことは全く知らなかった。そんな話は、もう遠い昔のことになりきっていたのである。

3　女性は、どこを目指していたか

太平洋戦争が始まった日の翌日、四国山脈の一四〇六メートルの峠を越えたハンセン病の女性は、阿波から「伊予のなにがし」へ向かって歩いていたという。

シラサ峠のあたりから、徳島県境まで直線距離でも五〇キロ近くある。もし山中ばかりえらんで、曲折と登り下りを繰り返しながら来たとしたら、その道のりは一〇〇キロほどにはなっていたろう。阿波のどこかにもよるが、仮に徳島市近辺であったとすると、道のりは軽く二〇〇キロを超していたはずである。

季節は初冬であった。昭和十年代は、いまよりずっと寒さがきびしく、南国だとはいえ標高の高い場所では、そろそろ雪が降りはじめるころである。宮本常一も書き残しているように、「どこで泊って何を食べてきたのであろうか」との疑問が起きる。

女性は、口から出まかせを言ったのだろうか。そんなことは、まずあるまい。嘘をつく必要などなかったはずだし、たとえ何かの勘違いか思い込みが含まれていたにしろ、四国山脈直下の原生林を縫ってつづく小道をとぼとぼ歩いていたことに変わりはないのである。彼女は、たしかに命がけで、どこかを目指していた。夜は、神社やお堂の内部にもぐり込んだり、里から離れた農具小屋などで寒さにふるえながら朝が来るのをひたすら待っていたのではなかったか。藁《わら》や落ち葉をかき集めて、体にかけることもしていたろう。

途中では物乞いもしたに違いない。四国八十八ヵ所めぐりの遍路には、ときどきハンセン病者がまじっていた。四国では、そのような人びとに施しをする習慣があった。女性が宮本に「四国には自分のような業病の者が多い」と語ったのは、その辺に理由があったと思われる。

彼女が旅慣れていたことは疑いない。というより、久しいあいだ漂浪者の暮らしをつづけていたのではないか。症状の進み具合から考えて、ずっと前に家を出てあちこち放浪していた可能性が高い。だからこそ、一〇〇キロを超す道のりを宿にも泊まらず歩けたのであろう。だが、それにしても、なぜ「伊予のなにがし」へ行こうと決意したのだろうか。むろん、はっきりしたことなど、わかるはずがない。しかし、ある程度の想像はつく。女性は、例えば栃木県矢板市郊外の仏沢のような非定住民のセブリを目指していたのだと思う。
「伊予のどこそこには、あんたのような病気の者でも気がねなく暮らせるところがある」
物乞いをしながら各地を転々としているとき、そう教えてくれた仲間があったのではないか。非定住民たちは、その種の情報に通じており、またお互い情報を交換し合っていた。仏沢の「若さん」一家や、「江州」と妻テルも、そうやって高原山の麓の雑木林へ身を寄せていたはずである。

非定住民のセブリは、太平洋戦争前の日本には至るところにあった。大阪・天王寺のミカン山もその例であり、仏沢のような小規模のものまで含めたら、おそらく一〇〇〇ヵ所以上に上っていたろう。たいていのセブリにハンセン病者がいたようである。既述のように、ミカン山で清水精一師が聞き取りをした六〇人の中にも二人いた。

国がハンセン病者の隔離を始めたのは、明治四十年（一九〇七）であった。昭和六年（一九三一）には「癩《らい》予防法」が成立、そこにはすべてのハンセン病者は国立療養所へ隔離しなければならないことが規定されていた。これが絶対隔離政策の始まりである、と説明されることが多い。しかし、この政策の運用は、現実にはきわめてルーズなものだったようである。その後も各地を放浪するハンセン病者は、いくらでもいた。家の奥でひっそりと暮らす者も少なくなかった。

宮本が愛媛県の西之川で「男か女かわからぬほど」症状の進んだ患者に会ったのは、何度も記したように昭和十六年のことである。高知県の旧本川村で、寺川の一つ下流の集落になる越裏門《えりもん》には、戦後になってもハンセン病者が生家に住んでいた。そんなことは近隣の者ならみな知っていたが、それでとくに問題になることもなかったのである。

右のような例は、別にそう珍しくはなかった。わたしは二〇年ばかり前から非定住民についての聞き取りをつづけていて、セブリで暮らしたり、物乞いにやってきたり、家に隠れ住んでいたりするハンセン病者の話を何十例も耳にした。そのうちのいくつかを次に紹介することにしたい。

4 高知市・鏡川の河原

小川正子という医師がいた。明治三十五年（一九〇二）、現在の山梨県笛吹《ふえふき》市で生まれ、昭和十八年（一九四三）四月、肺結核のため四一歳で死亡した。

小川さんは、昭和七年から十六年まで岡山県のハンセン病者収容施設「長島愛生園」に勤務した。愛生園は昭和五年、同県東部沖に浮かぶ長島に設けられた、わが国で初めての国立のハンセン病者隔離施設である。癩予防法の公布は翌六年だから、小川さんは絶対隔離政策の初期に、その最前線に身を置いていたことになる。

小川さんは、昭和十三年に『小島の春』と題した本を出版している。それは高知、岡山両県や瀬戸内海の「小島」にいたハンセン病者収容活動の体験を記録したドキュメントである。当時ベストセラーになり、同十五年には映画化されている。

同書の第一章「土佐の秋」は昭和九年九月、高知市でのハンセン病者収容活動の話から始まる。彼女は愛生園の男性職員らとともに、県庁で教えられた市内のハンセン病者のもとを訪ね、愛生園への入所を訴えるのである。一行が会った中には、この市を西から東へ貫流する鏡川の河原で暮らしている患者がいた。次は、そこへ行ったときのことである。

〈遂に名の通りの鏡川河原に行く、ここには秋の陽のさやけき中に浮浪の健康者の天幕が幾つかある。その中に病者のが二つ、一つは昨日きた許《ばか》りの四国巡礼中に足を痛めて行き悩む三十歳余の結節の伝染力も最高期の女、一人は相当に病気も永くなって足が腫《は》れて歩かれず、村役場が世話してここに住む結節癩、これは療養所に一日も早く安住せん事を願っていたが、女は夫も子も残して和泉（大阪府南部＝引用者）より来た者「巡礼中に高かった結節もひいて神詣での効があるから是非もっと巡礼したい、そんな恐しい所に行かぬ」と頑張る。結んだ繃帯《ほうたい》から浸み出ている膿《うみ》！　天幕の中にぎいす（キリギリス＝引用者）が鳴き、露草が咲いている。この間にもあたりの健康天幕から子供達が裸体でこの天幕に入り込む、去って振り返ると今の女がびっこひきひき川原に下りて水際に行く、その後から子供達が水泳にか後について走って行く。恐らく同じ石も踏むであろう。怪我もしようと思うと、荷物を青山さんに託して健康者の天幕に駈《は》せ帰り、癩の伝染と幼児の危険を棕櫚箒《しゅろぼうき》を作っていた親達に草の中にしゃがんで話をして別れた（振り仮名は引用者）〉

ほかの部分の記述によると、右は現在の高知市上町二丁目南部にかかる月の瀬橋下流の河原であった可能性が高い。場所が少し違っていたとしても、とにかく市の中心部近くであった。そこに非定住民たちの小さなセブリができていたのである。

その性格は、栃木県矢板市郊外の仏沢によく似ている。一方は箕《み》や簓《ささら》作り、他方はシュロ箒作りの差はあっても、ともに細工を渡世とする者と、ハンセン病者が混住していた。前者の住まいはワラホウデンであり、後者は天幕であった。つまり、ほんの仮住まいである。

鏡川の河原にいた男性患者は、おそらく県内の出身であろう。そこの村役場が、発病した男性を「世話して」住まわせていたからである。高知市の、そのあたりの鏡川べりが、ハンセン病者の隠れ家のような場所として、かなり広く知られていたからこそ、役場は「そこへ行ったらどうか」とすすめたものと思われる。

昭和９年（1934）当時の高知市鏡川の河原。
ハンセン病者のテントが見える。『小島の春』より。

大阪から来た女性も、どこか途中で同じような話を耳にして、しばし気がねなく休めるのではないかと考え、ここを目指したに違いない。その姿は、宮本常一が石鎚山麓で出会った年齢もよくわからない女性と重なる部分が少なくない。二人とも症状がひどく悪化していたが、なお何かを求めてさまよいつづけていたのであろう。

平成十七年の晩秋、わたしが新月橋（前記、月の瀬橋より一つ上流の橋）のそばで会った大正八年（一九一九）生まれの男性によると、月の瀬橋下流の河原には四軒くらいの小屋があり、そのうちの少なくとも一軒には犬捕り（野犬の捕獲人）が住んでいたという。男性は河原のハンセン病者については知らなかったが、「ライ病にかかった人間は県庁前や、あちこちのお寺に合わせて何人もいた。患者を見かけるのは、そんなに珍しいことではなかった」

と話していた。それは昭和十年代のことであった。小川正子さんの訪問から、せいぜい数年後のことである。

河原にいたハンセン病者の女性は、隔離施設への入所を「そんな怖しい所に行かぬ」と言って拒否している。一方、市内のそこここに患者が珍しくなかった。これが絶対隔離政策の実態だったかもしれない。

5 千葉県・手賀沼のほとり

手賀沼は千葉県の北西部、柏市と我孫子《あびこ》市を画して東西に細長く延びた湖沼である。東京の日本橋から、ほんの三〇キロほどしか離れていない。

柏市金山（旧東葛飾郡沼南町金山）は沼の中央部から三キロばかり南に位置しており、いまも古い村落社会の面影を残している。

その金山と、南隣の同市藤ヶ谷下《しも》との中間あたりに、昭和十年代の半ば（一九四〇年ごろ）まで移動民たちの不思議なテント集落があった。テントの数は少ないときで一〇張り、多いときには二〇張りくらいに達していた。それらは、布片をつなぎ合わせたものではなく、おおかたが一枚布の、かなりしっかりした天幕だったようである。住民は季節をかぎって、ここほかの土地を行き来していたらしく、だからテントが短期間に増減を繰り返していたのである。

　このあたりでは、比高差一〇メートル前後の里山がなだらかな傾斜をなしているが、その一角だけは上面の台地が前方の田んぼに向かって岬のように突き出していた（のちに、ある建材会社が資材置き場にするため削り取って、いまはなくなった）。

　そのせり出した台地の、先端近くに旧藤ヶ谷村の馬捨て場があり、テントはそれを取り囲むクヌギやコナラ、松などの雑木林の中に散らばるように張られていたのだった。そこは下の道路や田んぼや、田んぼの向こうの村からは全体が見通しにくい地形になっていて、しかもテント群からは世間がよく見渡せたのである。

　平成十七年二月、金山の鹿倉菊男さん（大正十五年＝一九二六年生まれ）は、わたしの聞き取りに対して次のように話していた。

「あそこら辺の山は二階建ての家より、ちょっと高いくらいでした。まあ、一〇メートルか、そこらでしょうね。その上が平らになってて、とっさき近くに馬捨て場があったんですよ。そのまわりに乞食たちのテントが、まるで別荘みたいに点々と張られてました。高台になってましたからね、風通しがよくて夏なんか、ほんとに涼しそうでしたねえ。前の斜面には、たしか道が二本ほどありましてね、日光のいろは坂みたいに、くねく

千葉県柏市のテント集落があった台地の跡。
いまは削られてなくなった。

ね曲がってましたが、その坂の踊り場に当たるようなところにも二張りか三張りのテントがありましたよ」

テント群の真ん中あたり、すなわち馬捨て場のわきに、木の柱と板壁のある小屋が建っていた。その住民は姓を矢田（仮名）といった。すぐそばに、かつて二二五坪の山林を所有していた相馬せんさん（大正十年生まれ、前記鹿倉菊男さんの実姉）によると、矢田家の家族は鶴吉、シマ夫婦と子供八人であった。ただし末子が生まれたときには、上の一人か二人は、すでに小屋を出ていた可能性もある。つまり、一〇人がそこで暮らしていた時期があったかどうか、はっきりしない。第一子は大正三年（一九一四）ごろの、第八子は昭和七年（一九三二）ごろの出生であったらしい。ちなみに第三子の女子は、せんさんと小学校の同級であった。

平成17年春、旧藤ヶ谷村の馬捨て場裏に放置されていた２枚のテント。
戦後になっても非定住民がセブっていた。

矢田鶴吉は、テント集落の親分といった立場にいた。いや、本当の親分は妻のシマであったかもしれない。鶴吉は近隣住民の記憶にはほとんど残っていないのに、シマは強烈な印象を与えていたからである。平成十七年当時、「乞食部落のおシマおっかあ」の名と、その怖さをおぼえている人たちは、いくらでもいた。

八人の子のうち、上の二人は学校へは行っていない。義務教育を受けたのは、第三子から下の者だけである。彼らは学校で、よくいじめられた。「ミーヤの子」「乞食の子」、陰で、ときに面と向かって、そうそしられるのである。矢田夫婦は「乞食部落」に住んではいたが、その仕事は箕の製作と行商であった。すなわち、第一章で紹介した須藤トヨさんの家族、親類と同じ職業者であり、だからミナオシ、ミーヤとも呼ばれていたのである。

矢田シマは、子供が学校で差別されたと知ったら、学校へどなり込んできた。いじめた子供がわかったときは、その子のもとへ駆け寄るなり、ぴしゃりと頭をぶったり、どんと肩を突いたりして、

「こいつ、おれらのこと馬鹿にすんな」

と、どなりつけるのだった。教師がいても平気であった。

シマは大柄な女だった。上背があり、太っていた。彼女が姿を見せると、学校中が緊張した。

「矢田さん、矢田さん」

と言いながら、教師たちはもみ手でもするような応対ぶりであった。女教師が、愛想笑いを浮かべつつシマにお茶を入れた。せんさんや矢田家の子らが通っていた当時の手賀尋常小学校は、一学年が一クラスずつのごく小規模で、こうした光景は生徒みんなの目に映っていた。

シマは近隣の農民たちに対しても、卑屈なところは全くなかった。相手が不当だと感じたら、それが村のお大尽《たいじん》（資産家）だろうと警察官だろうと、激しく食ってかかった。

「ほんとに、おっかないばあさんだった」

彼女を知る人びとはみな、そう語っていたものである。

6 「おもらいをしながら旅をつづけて」

手賀沼南方のテント村住民のうち、親分格の矢田夫婦は箕の製造と行商をたつきとしていた。しかし、まわりの人びとによると、ほかの者はみな「乞食」であったという。

彼らは「オカンジン」と呼ばれていた。前記、相馬せんさんは、それを「丘人《おかじん》」の意にとっていた。彼らが里山の上に住んでいたからである。だが、もちろんそうではなく、「お勧進」のことであろう。彼らは、だれによらず近隣では「仕事」をしなかった。どこか遠くへ出かけていたのである。家族持ちが多かったが、矢田家の子を別にすると、学校へ通っている者はいなかった。ほとんどが土地の人間になじむほど長くはおらず、おもらいも村ではしなかったから、わたしが聞き取りに歩いていたころには、名前や人物像が記憶されている者はほぼいなくなっていた。

そんな中で、名前はわからないものの、一部の村人に強い印象を残している一人の女性がいた。彼女はハンセン病を患っていた。昭和十年代の後半ごろで、中年といった年かっこうであった。

この当時、おそらく太平洋戦争の深まりのせいであろう、台上の乞食たちもめっきり数が減っていた。矢田一家は馬捨て場の小屋から、山すその「土台の付いた」家へ移っていた。ハンセン病の女性がいたのは、その家と馬捨て場の中間あたりであった。そこに「藁で葺いたテントのような形の小屋」、すなわち須藤トヨさんらの言葉でいう「ワラホウデン」があり、女性が独りで暮らしていたのである。

平成十七年当時は柏市泉（金山の北の集落）に住んでいたが、昭和七年（一九三二）に藤ヶ谷で生まれ、山すその矢田家の真ん前に実家の田んぼがあった女性は、ハンセン病者のことをよくおぼえていた。

「その女の人には子供がいるということでした。なんでも、世間に出て千人の人に会わないと、この病気はなおらないといわれ、それで子供をおいて、おもらいをしながら旅をつづけているうち、あそこに居ついたって話してましたねえ。顔のきれいな人でしたよ。東京に親族がいましてね、たまに訪ねてきてました。そのときはバナナだとか高級なお菓子なんか、どっさり持ってきましてねえ、それをわたしたちにも、おすそ分けしてくれたんですよ」

そのころバナナは高価で、普通の農家の子が日常、口にできる食べ物ではなかった。しかし、いくら珍しいといっても、それをハンセン病者の手から受け取っていたのである。そのことは親たちも知っていたと思われる。親も子も、ハンセン病が伝染病であることに気づいていなかったのであろう。高知市・鏡川の河原で、繃帯から膿が浸み出している女性患者の天幕へ、健康者の子供が裸体で入り込んでいたという『小島の春』の記述が思い出される。

それはともかく、手賀沼のほとりの乞食集落にいた女性は、どんないきさつを経てここへたどり着いたのだろうか。具体的なことは、いっさいわからない。だが、考えられることは一つしかないように思える。彼女は、おもらいをしながら各地を放浪して歩いていた。当然、行く先々で同病の者や乞食らと接触があったはずである。その中に、

「千葉の手賀沼に近い、藤ヶ谷というところへ行けば、われわれのような人間の面倒を見てくれる親分がいる」

そう教えてくれた者がいたに違いない。あるいは相手は「矢田さん」とか「おシマさん」の名前を挙げて頼っていくことをすすめたのかもしれない。彼女は、その話によって藤ヶ谷を知り、そうして訪ねてきたのではなかったか。

この女性と、鏡川にいた女性、愛媛県の原生林で宮本常一が出会った女性には、重なり合うところがある。藤ヶ谷のハンセン病者は、とにかく安住の地に落ちつけたようであり、あとの二人は、そのような場所を求めて旅をつづけていたのである。

男だろうと女だろうと、彼らだけが歩く道などあったとは思えない。宮本が見かけた女性は、たまたま深山の一本道をたどっていただけのことであろう。それも決して特別の道ではなかった。ふだんから山民が普通に往来していたのである。

山中の道というのは、人が利用しなくなると、すぐブッシュに覆われて一年か二年で通行が困難になってしまう。たまにハンセン病者が歩くくらいでは、それを防ぐことなどできるものではない。第一、そんな道が実在したなら、地元の人に気づかれないということはありえない。

「伊予のなにがし」を目指していた女性は、物もらいのとき以外は、できるだけ人目を避けて移動していたのであろう。それを「自分のような業病の者のみが通る道」と表現したに違いない。聞く方は、それに想像の尾ひれを付けて「カッタイ道」なるものが存在するかのように勘違いしたのである。

『山に生きる人びと』の、先に引用した部分のあとには次のように記されている。

〈それから後カツタイ道のことを聞き出したいと思って、この話を方々でしてみたが今にいたるまで手がかりらしい手がかりもない。一般の人たちの間にはただうわさだけが伝わっていて、現実にそれをたしかめるすべもない〉

噂は、あったのであろう。しかし、それを目にした人は、いなかったのである。

第五章　洞窟を住みかとして

1　ある青年の漂泊

伊藤昇は昭和五年（一九三〇）五月、現在の神奈川県横浜市南区高根町で生まれた。父は現山梨県市川三郷町、母は静岡県湖西市の出身であった。昇には下に弟が一人いた。

両親は、昇が子供のころ相次いで病死している。父は脳出血のため自宅の便所で倒れ、母は弟を産んだあと体調を悪化させたのだという。兄弟は、静岡県新居町（現湖西市）で洋服の仕立て業をしていた母方の叔父のもとへあずけられた。昇が小学校三年生くらいのときである。同地で初等科の六年を終えると、敗戦までの二年余り学徒動員のような形で鷲津町（現湖西市）の工場で働いた。

戦後、伊藤は静岡県浜松市にあった国鉄の浜松工機部へ就職する。しかし、そこでの勤めは一年もつづかなかった。本人は「団体生活になじめなくて辞めた」と話していた。そうして昭和二十一年の夏ごろ、当てのない放浪の旅へ出る。一六歳であった。

彼は「人と顔を合わすのが嫌で」、山中ばかりを転々とする。人嫌いの一面があったのであろう。金も食料も持たず、社会との接触を絶って暮らすのは生やさしいことではない。ヤマメなどの川魚を手づかみで捕り、キノコを採取した。蛇をつかまえ、皮をはいでから焼いて食べたこともある。調味料などは、いっさい使わない。口の中に雪を押し込んで空腹をごまかしたこともあった。『大地に生きる』の著者、清水精一師のような求道生活をするつもりなどなかったので、人がいないときを見はからって農家へ忍び込み、食い物を失敬したことも二度や三度ではきかない。雨が降ると一晩中、眠らないこともあった。

もちろん地図など持っていないので、どこをどう歩いたのか正確にはわからない。しかし、山形県の木地屋の村へたどり着いたことがあったというから、静岡県の西部から山づたいに東北地方の少なくとも南部までは、さまよっていたことになる。

伊藤は一年ほどのち、そのような漂浪生活の厳しさを骨の髄まで悟って山を下りる。そのあと横浜市の野毛山で日雇い労働者をしたり、埼玉県熊谷市の荒川の河原や同県大宮市の木賃宿で暮らした。すさんだ日々のうちに、いつの間にか盗癖が身についたとみえ、昭和二十三年春、窃盗罪で逮捕され、懲役六ヵ月から一年六ヵ月の不定期刑の判決を受け、同年九月まで東京の豊多摩刑務所で服役している。

伊藤昇が埼玉県比企郡吉見町の「吉見百穴《ひゃくあな》」で寝起きする

若いころの伊藤昇さん（手前向かって右）。
左は妻の祝さん。
三角寛『サンカの社会』（1965年）より。

ようになったのは、仮釈放後の昭和二十四年（一九四九）初めからである。

吉見百穴は、古墳時代後期の横穴墓《よこあなぼ》群の跡である。すなわち、既述の福島県南相馬市原町区石神の「土窟」や、同県いわき市平《たいら》下高久の「千五穴」と同じ性格の遺跡である。吉見丘陵の南西斜面に、防空壕のような穴が実測ずみのものだけで二二〇ほどもうがたれ、江戸時代から「天狗の隠れ家」「松山城の兵器庫」などの伝承とともに知られていた。遠く望むと、巨大な蜂の巣のような特異な景観を呈し、明治時代の発掘調査と戦後の実測調査をへて、いまは入場料を取る観光地になっている。

吉見の百穴。

百穴が点在する、その斜面のいちばん下に、太平洋戦争中、軍が何本かのトンネルのような洞窟を掘った。地下工場を作ろうとしたのである。だが敗戦によって工事は放棄され、あとに洞窟だけが残り、ここも合わせて観光地化されている。

戦後、墓群とトンネルの跡には何十人もの非定住民が住みついていた。彼らが、近隣の人びとの目にどう映っていたのか、その一端は例えば『吉見の百穴』（一九七五年、吉見町史編纂委員会）によって知ることができる。

〈昭和二〇年八月の敗戦によって、「吉見百穴」の山腹に建設された地下工場の存在意義は終った。多くの動員学生や朝鮮人労務者の汗みどろの労働によって開削された、この巨大な地下工場は、全くその目的を果すことなく無用の長物と化したのである。およそ三〇〇人と推定される労務者はやがて四散し、地下工場の諸施設が撤去されると、一時「吉見百穴」は荒涼とした廃墟となった。人影が全くなくなった地下工場では、時折牛馬の密殺がおこなわれ、婦女誘拐や傷害事件等の不祥事もひんぱんに発生した。横穴墓には浮浪者も住みついて、土地の人々は容易に近づけない状態だったという（同書五三―五四ページ）〉

地下工場跡で死んだ牛馬の解体処理が行われたことは、あったかもしれない。たまには傷害事件も起きたことだろう。しかし敗戦直後の混乱期とはいえ、日本のような法治国家で、婦女の誘拐が度かさなるような無法地帯がありえたとは思えない。もし、そんなところがあったとしたら、住民は国家権力によって一人残らず追い払われていたはずである。

2 「吉見百穴」にいた非定住民たち

昭和二十年（一九四五）八月十五日の敗戦から間もなく、吉見百穴と地下工場の跡で、さまざまの非定住民たちが暮らしはじめる。その数はたちまちのうちに増えて、三〇人ほどになっていた。

家族持ちは工場跡に筵掛《むしろが》けの小屋を建てることが多く、独り者で静かな寝ぐらがいいと思う者は横穴墓跡で寝起きしたようである。伊藤昇がセブリとしたのは、むろん横穴の方であった。

百穴に人間が住みついたのは、太平洋戦争後が初めてではない。百穴は明治二十年（一八八七）、わが国で最初期の人類学者の一人、坪井正五郎らによって発掘されたが、そのころすでに二二基の横穴が開口しており、少なくともその一部に「乞食」が暮らしていたのである。いや、そのずっと前、遅くとも江戸時代中期には、ここを住まいにする家族がすでにいた。

『鈴木家文書』という、被差別部落史研究者にはよく知られた文字記録がある。それは現在の吉見町内にあった穢多村の小頭、鈴木家に所蔵されていた約三〇〇〇点に及ぶ文書群であり、そこでの仕事や斃《へい》牛馬処理の実態、この部落と村方との関係、農業や質地獲得の問題などが詳細につづられている。

同文書によると、宝永年間（一七〇四―一一年）ごろまで、鈴木家が権利・義務関係をもつ村々には非人小屋はなかった。しかし、おおぜいの物乞いが域内を徘徊して「悪ねだり」をするので、その取り締まりを依頼される。そこで鈴木家では、百穴に住んでいた角兵衛という者を非人小屋主に任じている（以上は同書第三巻一〇一ページ以下による）。

角兵衛には息子がいたことがわかっているので、おそらく家族持ちであったろう。当時、百穴には、ほかにも住民がいたかどうかわからない。だが、とにかく人が住まいとして利用していたことが、右によってはっきりする。

伊藤が、その百穴の住民になったのは、角兵衛の時代から二五〇年ばかりのちであった。彼は、ここで久保田辰三郎という人物と知り合う。久保田は生涯を無籍で過ごしたから、その生年は明確ではないが、昭和四十四年十一月に死亡して、ある寺の無縁墓地に埋葬された際、過去帳には明治二十五年（一八九二）七月生まれで、行年は七七歳と書かれた。名前はなぜか、堀口伊太郎となっている。久保田辰三郎の前に、そう名乗っていた時期があったらしい。

久保田は箕作り職人であった。すなわち、すでに紹介した須藤トヨさんの一族や、福島県南相馬市原町区石神の横穴墓へ毎年、季節をかぎって現れていたテンバなどと同種の職業者である。

伊藤は久保田の弟子になる。そうして、これからの二〇年間ほどは、一家との付き合いをつづけている。それだけ長くいっしょにいながら、ついに一人前の箕作りにはなれなかった。技術の習得に熱を入れなかったわけでもなく、とくに不器用だったのでもない。完全な箕職人になるのは、それほど難しいということである。本物の職人はたいていその家に生まれ、子供のころから親のもとで日夜、仕事を手伝いながら知らず知らずのうちに一人前になることが多い。ところが、伊藤のように自分で生計を立てつつ、一方で技術を身につけようとしても結局、半端職人で終わってしまうのである。

とはいえ、暮らしていけないわけではなかった。箕直し、つまり箕の修繕を仕事にして何とか食っていけたのである。昭和二十年代は、わが国で箕が最後の大需要期を迎えていた。戦後の食糧難と、外地から故郷へ引き揚げてきた若者たちの帰農で、農村は活気にあふれ、箕は作るかたはしから飛ぶように売れたのである。修繕の注文も絶えることがなかった。

百穴には久保田のような本物の箕作り、伊藤のようなにわか職人が家族を合わせると十数人はいた。ほかは「おもらいさん」や、職業不明の者たちであった。

伊藤の百穴での暮らしは、一年半くらいしかつづかなかった。昭和二十五年になって、墓群の保存と再調査を前にした「浮浪者狩り」が行われ、住んでいた者たち全員が追い払われたのである。ただし、ほとぼりがさめると、何人かが戻ってきた。一部は昭和四十年代になってもまだいた。百穴は、このころにはもう柵をめぐらせた観光地になっていたが、いちばん上の方の目立たない横穴で寝起きしていたのである。

久保田辰三郎は家族を連れ、百穴から西へ九キロばかり離れた比企《ひき》郡嵐山《らんざん》町菅谷《すがや》の都幾川《ときがわ》べりへセブリを移す。これに従って伊藤も菅谷へついていった。ほぼときを同じくして、この河原には合わせて五家族のミナオシが集まり、ちょっとした非定住民のアジール（避難所）が形成されることになる。そこは栃木県矢板市郊外の仏沢や高知市・鏡川の河原、千葉県柏市藤ヶ谷の「乞食集落」などと似た性格の場所であったが、ハンセン病者はいなかった。

3 親分の横顔

嵐山町菅谷の都幾川の河原にセブリを張っていたのは、久保田辰三郎の一家と伊藤昇のほか、

- 梅田留吉（一九一〇年ごろの生まれ）
- 大島太郎（一九一五年ごろの生まれ）
- 小川作次（大島とほぼ同年齢）

の合わせて五家族であった。

彼らの住まいは、いわゆる天幕ではなかった。それは第一章で述べたワラホウデンに近かった。ただし、屋根と壁を兼ねた部分に特殊な筵《むしろ》を用いていた。彼らが作ったり、直したりする箕は、

藤の表皮と篠竹を割ったものを織り合わせたあと折り曲げるのだが、曲げる前の材料で葺いてあった。寒い時期には、その上に茅や篠竹の束を重ねるのである。

五人のうち、本物の箕作りは久保田と梅田の二人だけであった。既述のように、久保田は死ぬまで無籍のままであり、梅田もともとはそうであった。ともに学校教育は全く受けておらず、文字の読み書きはできなかった。あとの三人は普通社会から非定住民の集団に参入している。だから読み書きの能力はあったが、商品として通用する箕は作れなかったのである。

近隣や、彼らが回遊する先々の村落社会の住民は、彼らのことを「ミナオシ」と呼んでいた。それはきびしい賤視の響きを含む言葉だったから、面と向かって口にすることはまずなく、呼びかけるときは「ミーヤさん」と言っていた。ミナオシが「箕直し」の意であることは、いうまでもない。しかし、きちんとした箕作り職人であっても、洞窟や河原の小屋などに寝起きしながら、あちこちを渡り歩くかぎり、その称をまぬかれないことになる。本書では集団名には「ミナオシ」を、修繕を指すときには「箕直し」の表記を使っている。

梅田留吉さん。
三角寛『サンカの社会　資料編』（1971年）より。

ここのミナオシたちの中では、久保田辰三郎が最年長であり、ほかの者たちから指導者ないしは親分とみなされるような地位にいた。彼には妻松島ヒロとのあいだに、昭和二十五年末の時点で男、女、男、女、男の順で五人の子がいた。さらに、この上にヒロの連れ子の女子が二人いたが、年長の方はすでに外で働いていたようである。

ヒロは大正四年（一九一五）の生まれで、夫より二三歳の若年であった。戸籍謄本によると、本籍地は東京市下谷区万年町となっている。万年町は当時、東京の「三大貧民窟」の一つとされていた地域である。ヒロは生涯に一〇人の子を産み、早世した第一子を除く九人はいずれも自分の籍に入れている。辰三郎は無籍であったし、その先夫もおそらくそうだったから、自分の私生児とするしかなかったのであろう。ヒロ自身も、いちばん下の方の二人以外の子供たちも、文盲であった。

戦前は山窩小説家として、戦後はサンカ研究者として知られていた三角寛氏は、この一家と深い付き合いがあった。三角氏が昭和の初期、『朝日新聞』の記者をしていたとき知り合った警視庁の大塚大索刑事に戦後、紹介されたようである。大塚氏は明治末年から大正初年にかけて上野警察署の「密行係」を務め、そのころ管内の万年町へしきりに出入りしていた。その縁でヒロの実父、松島政吉と親しくなったと思われる。

三角氏の研究書としての代表作は、疑問の余地なく『サンカの社会』（一九六五年、朝日新聞社）である。これは東洋大学へ博士論文として提出され、

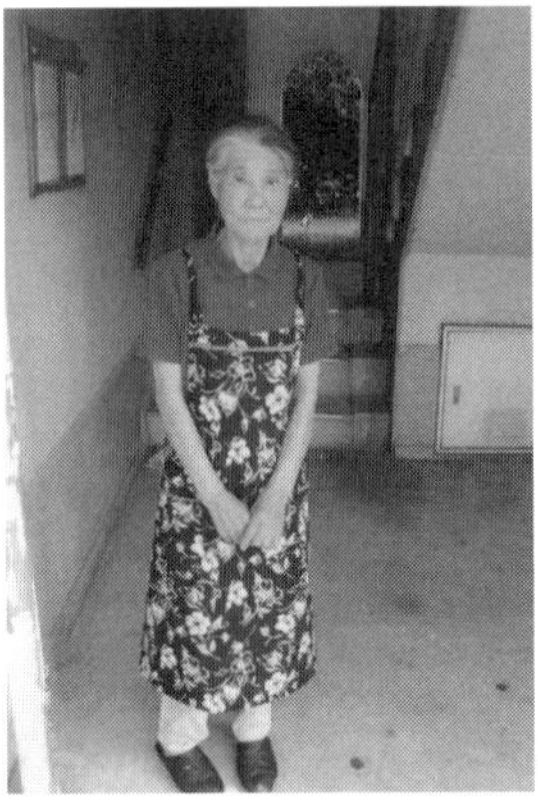

久保田辰三郎、松島ヒロさん夫婦の三女、初子さん（69歳当時）。

そして審査に合格した『サンカ社会の研究』の要約版であった。つまり、純然たる学術書にほかならない。実際、その内容は、わが国を代表するような百科事典や専門辞典にも、しばしばそのまま引用されている。

しかし同書は虚構と作為に満ちた、およそ研究などとは無縁の代物であった。そこには事実とみなしうることは、ほとんど含まれていない。その虚言を支えたのは、同書に載っている豊富な写真であったといえる。写真の大部分は久保田辰三郎、松島ヒロの一家をはじめ、右に挙げた五家族に限定されている。三角氏は、都幾川べりにセブっていた二〇人ばかりのミナオシとその家族の集団を利用しつくして、夢のようなサンカ像を捏造したのである。

なお、氏が書き残した記述のどこが嘘か、なぜそういえるのかについては、既刊の拙著『サンカの真実　三角寛の虚構』（二〇〇六年、文春新書）に詳述してあるので、これ以上の言及はひかえておきたい。

4　二つのセブリを結ぶ糸

久保田辰三郎ら五家族は、だいたいは集団で行動していた。嵐山町菅谷の都幾川の河原にいたのは農閑期の冬場だけで、ほかの季節は顧客を求めて各地を渡り歩く。彼らの場合、その範囲は埼玉県の中部域すなわち現在の東松山市、坂戸市、比企郡の吉見町、川島町、滑川町、嵐山町、小川町などが主であった。

一ヵ所に滞在するのは短いと数日、長いときは数週間であった。セブリは吉見百穴とは別の横穴墓、古墳の石室、寺社の堂内や軒下、橋の下などである。利用できるものがなければ、自分たちで小屋を建てることもあった。それは都幾川べりの小屋よりもっと簡便な一種のワラホウデンで、辰三郎の長男、松島始さん（一九四〇―二〇〇六年）は、

「ほんの何時間かで作れますよ」

と言っていた。天幕は、戦後は用いないことが多かったようである。

五家族は右のようなセブリ場から、それぞれ違った方角へ散っていく。そうして、新箕《あらみ》の行商や箕直しの注文取りに各農家を訪ねてまわるのである。ただし、辰三郎と梅田留吉はセブリから動かなかった。そこで箕を作っていた。出かけるのは箕の修繕しかできない男たちと、女房、子供らである。夕方には全員が集まって食事をしたり、酒を飲んだりする。そのあと、とくに男たちは賭け事をした。

翌日は、別の方面をまわる。そういうことを繰り返して、その地域内での注文取りがひととおり終わったら、次の場所へ移っていくのである。二〇人ほどの粗末な身なりの老若男女が、一団になって足ばやに移動していく姿は、村落社会の住民に強い印象を残したことだろう。彼らの多くは、それがミナオシの場替えであることを知っていた。

辰三郎は五人の中では親分格だったが、彼らを含む、もっと大きなミナオシの集団があり、そこには辰三郎より格上の、いわば「大親分」がいた。といっても、その集団は組織と呼べるような性格のものではなく、世間から差別・排斥されていた者たちが互いに行き来するつながりにすぎなかった。だから、大親分が全体を統率していたわけではない。ただ、ほかの者たちから特別

いだろう。

の敬意をはらわれていただけのことである。普通社会における一族の長老に近かったといってよ

五家族が都幾川の河原に拠点を置いていたころの大親分は、芦田万吉（仮名）といった。当時、芦田はすでに定住していた。菅谷の北方、大里郡川本町（現深谷市）の荒川南岸に農家風の二階建ての家を構え、そこで家族とともに暮らしていたのである。

芦田は昭和三十九年（一九六四）十一月に病死しているが、その墓碑には行年が六八歳と刻まれているので、明治三十年（一八九七）の生まれだったと思われる。ただし、出生当時は無籍だったから、これには一、二年のずれがあるかもしれない。

万吉は実は、前章で紹介した矢田鶴吉（姓のみ仮名）の実弟である。周辺の農民らは芦田一家について「流れ者で籍がないらしい」と、噂していた。しかし、万吉の長男、松造さん（仮名、大正十四年＝一九二五年生まれ）は、それが悔しくて、あるとき役場で戸籍謄本を取って村の何人かに見せたことがある。

「おやじは千葉県東葛飾郡風早《かざはや》村藤ヶ谷、おふくろは長野県結城郡清瀬村榊原で生まれたと、ちゃんと書いてあったね」

松造さんは、わたしの聞き取りに対して、呪文でもとなえるように、よどみなく答えている。おそらく大正時代のいつごろかに、就籍の手続きを取ったのであろう。右の「東葛飾郡風早村藤ヶ谷」は、いまの柏市藤ヶ谷のことである。万吉は、馬捨て場のわきで生まれたのである。

一方、万吉の妻の「出生地」についてだが、長野県には結城郡も清瀬村もない。全国でただ一

つ結城郡のある茨城県にも、清瀬村はない。要するに、これは架空の地名なのである。でたらめの地名が、届け出どおりに受け付けられていたことになる。そんな時代、地域があったらしい。

とにかく、芦田万吉は埼玉県中部域のミナオシ集団の大親分であり、実兄の矢田鶴吉は千葉県・手賀沼南方の「乞食集落」の親分であった。伊藤昇は、万吉が自分たちのセブリに現れると、「その場の空気がぴんと張りつめたもんです。おやじ（辰三郎のこと）とは、まるで格が違うといった感じでしたねえ」

と話していた。

これに対して、藤ヶ谷近隣の住民の目に映っていた鶴吉は、まことに影のうすい存在であった。本当の親分は、妻のシマだったのではないかと思えるほどである。しかし、これはあくまで外部からの観察の結果にすぎず、まわりの乞食たちが本当に親分とあおいでいたのは、やはり鶴吉の方だったのではないか。万吉は、なぜか兄と同じ「ツルさん」の通称で呼ばれていたが、これは彼の埼玉での地位が兄鶴吉に由来していたためかもしれない。

なお、伊藤昇は都幾川でセブっていたあいだの昭和二十七年三月、殺人の容疑で逮捕されたことがある。前年の大みそかの午後、現東松山市田木に住む二〇歳の姉と一三歳の弟が近くの山林へ薪と落ち葉ひろいに出かけ、何者かに草刈り鎌で顔面や頭部をめった斬りにされて死亡した事件の犯人の疑いをかけられたのだった。

伊藤は、昼も夜も何人もの刑事に取り囲まれて「がんがんやられ」、そのうち「自分の年もわからなくなって」、犯行を自供してしまう。しかし、どうしても犯人とすることができない明らかな証拠があったらしく、本件の殺人罪で起訴されることはなかった。警察が伊藤さんを白と判断するしかなかった理由は、本人にも不明である。また、当時の新聞を繰っても記されていない。伊藤さんは、ごく軽微な窃盗と恐喝罪で何ヵ月か服役しただけであった。刑務所でも集団生活が嫌で、望んで独居房暮らしをしたということである。

5　栃木県・観音岩洞窟の今昔

本書の冒頭で取り上げた栃木県矢板市郊外の仏沢から南西へ一〇キロ余り、同県塩谷郡塩谷町佐貫の鬼怒川に面して「観音岩」と呼ばれる、ちょっとした観光名所がある。

栃木県塩谷町佐貫の観音岩。
左下すみに大きい方の洞窟が見える。

それは高さ六四メートルほどの垂直の大岩壁で、その壁面に平安時代末期の作と推定される高さ一八・二メートルの大日如来像が陰刻されている。それが観音像と誤解されて呼称になったのである。いまはかなり摩滅して見にくくなってはいるが、なおはっきりと確認することができる。

観音岩の底部には、鬼怒川の浸食作用によって生じた洞窟が二つある。大きい方が天井の高さ二メートル前後、広さ一二〇平方メートルばかりの楕円形、小さい方は高さやはり二メートートル前後、広さは五〇平方メートルくらいのほぼ円形である。それぞれの穴の中央付近には、いつのころからか、お堂が設けられている。

洞窟と、その前面を昭和三十八年（一九六三）に宇都宮大学史学教室が、同四十年に作新学院高校社会研究部が発掘調査している。その結果ここからは縄文、弥生、奈良、平安時代、中世、近世の遺物が出土している。石鏃《せきぞく》、石斧《せきふ》、土器片、獣骨、開元通宝、永楽通宝のような古銭などだが、その辺のことは当面の話とかかわりがないので、いちいちは記さない。要するに、中断時期はあったらしいにしても、何千年にもわたって人間が生活しつづけてきたのである。後述のように、それは第二次大戦後にまで及んでいた。それほど居住に適した自然洞窟であった。

昭和の初め、仏沢に住んでいた須藤寅造の妻シマは、その前、先夫や子供らとともに観音岩洞窟で暮らしていたことがある。

既述のように、先夫というのは寅造の長兄、義造のことである。義造は明治十七年（一八八四）、寅造は同三十五年、シマは同二十二年の生まれであった。

一家が洞窟にいたのは、大正五年（一九一六）か六年ごろからの二、三年間であった。当時の家族は義造の連れ子のシズとカン、シマの連れ子の勝次、二人のあいだに生れたマツ、茂の合わせて七人だった。そのころ彼らには籍がなかった。そうしてカンは無籍のまま死んでいる。だからカンは、あくまで通称であり、寛治とか勘太郎とかを略したものではない。どんな字を書くということもなかった。義造も、もとは単にヨシだったろうが、のちに戸籍を得た際、漢字でそう届け出たのである。

一家が観音岩洞窟に住んでいた大正時代の半ばごろ、そこには二〇人から四〇人ほどが寝起きしていた。シマの第一子の勝次さん（明治四十二年＝一九〇九年生まれ）は、自分たちを含めて住民を「乞食」だと表現していた。しかし、義父の義造は腕のいい箕作り職人だったし、母のシマは箕の行商と修繕の注文取りという、ちゃんとした仕事をしており、「おもらい」に歩いていたわけではない。ほかには「三味線を持って出かける者」や、背後の馬捨て場に捨てられる「馬の皮をなめす者」、「ササラヤ」（既述、簓《ささら》削り）、「カッテボウ」（既述、ハンセン病者）などがセブっていた。

彼らは二つの洞窟に分かれて雑居していた。仕切りといったものは、なかった。思い思いの場所に筵を敷き、筵をかぶって寝るのである。家族連れもいれば、独り者もいた。煮炊きは中ですることになっていた。だから、穴の天井は煤で真っ黒になっていた。その跡は、いまも消えていない。

「昼も夜も、うるさくて仕方なかった」

と勝次さんは話していた。

穴の住民は、常に増減を繰り返していた。彼らは、どこかからふらりとやってきて、どちらかの穴に居を占めていたかと思うと、いつの間にか姿を見せなくなっていたりするのだった。

洞窟の暮らしの中で、勝次さんには忘れられ

かつて観音岩洞窟で暮らしたことがある須藤勝次さん（94歳当時）。

ない思い出がある。観音岩の後背（北側）は、鬼怒川との比高差数十メートルの里山になっている。いまは多くが杉やヒノキの人工林だが、大正時代には雑木の林であった。その丘を越えた、ゆるやかな斜面に旧佐貫村の馬捨て場があった。穴からの距離は三〇〇メートルほどである。そこは現在、ヒノキが植林されていて当時の面影は全く残っていないが、以前は雑木のあいだが直径数十メートルの円形に近い窪みをなしており、村の農耕馬が死んだら、そこへ埋めることになっていた。

死馬の発生は、ほとんど瞬時のうちに洞窟の住民の知るところとなったらしい。あるいは、農民の側が連絡をしていたのかもしれない。とにかく死馬が馬捨て場に着くころには、「乞食」たちが遠くのものかげから、その到着をいまや遅しと見守っていたのだった。

作業が終わると、乞食たちはいっせいに馬捨て場へ駆け寄り、わざと形ばかりかぶせられていた土をかきのけ、てんでにナイフで馬の肉をそぎ取るのだった。ナイフはもちろんバケツも、とっくに用意していたのである。バケツがいっぱいになったら穴へ持ち帰り、再び大急ぎで戻ってくる。須藤一家は、そうやってバケツ三杯ぶんもの馬肉を手に入れたこともあった。近隣の一般農民でも、この馬肉取りに加わる者が少なくなかったという。そのあと肉がなくなるまでの数日間、穴の住民たちは連日連夜、食って飲んでの大騒ぎをして過ごした。死馬の肉は、彼らの貴重な蛋白源になっていたのである。

馬捨て場は、観音岩洞窟で暮らす者たちの葬地でもあった。

「穴の乞食が死んだときは馬捨て場に捨てていた」

勝次さんは、そう語っていた。

むろん棺など使わない。遺体を窪みに置いて、その上に軽く土をかぶせるだけである。勝次さんは、そのような「葬式」を三度ほど目にしたということである。

戦後にも観音岩洞窟をセブリにしていた者が何人かいた。昭和二十五年（一九五〇）ごろまでのことらしい。しかし、その前後を最後に、この洞窟を住まいとする何千年にも及んだ歴史は幕を閉じている。

6 定住への軌跡

須藤義造、シマの一家は大正八年（一九一九）か九年ごろ、観音岩洞窟を引き払い、同じ塩谷町船生《ふにゅう》の通称蟹沢《かにざわ》へ移っている。

そこは洞窟から北西へ三〇〇メートルほど、馬捨て場からだと西へ二〇〇メートルばかりの雑木の林だった。そばを一メートルあるかないかくらいの幅の、しかし一年を通して水のかれることがない沢が北へ流れ下っていた。蟹沢は、その沢の名前であり、あたりの小地名でもあった。近隣の住民たちは「がんざわ」と訛って呼ぶことが多い。

一帯の山林は、この当時もいまも旧沼倉村（船生字沼倉）の農民、須藤家（仮名）の所有地である。そのころの当主は浅吉といい、明治八年（一八七五）の生まれであった。どんないきさつからか不明だが、義造が浅吉と近づきになり、須藤家の持ち山の山番をする代わりに、蟹沢に小屋を建てて住むことを許されたのである。小屋は、かなり広くて八畳くらいあったらしい。

ここへ居を移してから、一家にとって重要な転機が訪れる。シマの長子、須藤勝次さんは次のように話していた。

「自分たちは佐賀の洞窟に住んでいたとき、船生の山持ちから山番を頼まれて、がんざわへ引っ越した。山持ちは須藤といい、自分たちはその人から姓をもらって戸籍を取った。それまでは戸籍がなかった」

勝次さんの言ったことは、浅吉の孫の光永《こうえい》さん（昭和六年＝一九三一年生まれ）の話によって完全に裏づけられる。平成十七年一月、光永さんは、わたしの聞き取りに対して次のように答えている。

「がんざわにミナオシの家族が小屋を建てて暮らしていたことは、親父から聞いています。いや、わたし自身も、その小屋を見た記憶が、かすかにありますよ。たぶん四つか五つくらいのときだったと思います。その小屋にいた人から、おにぎりをもらったことをおぼえています。彼らは、わたしのことをコウ、コウと呼び捨てで呼んでましたねえ。祖父の浅吉が、そのミナオシの主人を自分の弟分として戸籍に入れた、親父はそう言ってましたよ」

光永さんの父は五兵衛といい、明治三十六年（一九〇三）の生まれであった。

須藤義造らの就籍が大正十年（一九二一）前後だったとすると、五兵衛は数えの二〇歳近くになっており、ミナオシ一家の記憶も明瞭で、彼らの戸籍取得のいきさつにも十分に通じていたはずである。

ミナオシ集団は元来は、ほぼすべてが無籍だったようである。つまり、いつとも知れないころから、国家権力の埒外で生きつづけてきたといえる。明治維新後、国民の三大義務とされていた納税、兵役、一定年限の就学のいずれにも背を向けて暮らしてきたのである。その代わり、国家から何の庇護も受けることができなかった。それは少しも意識的なものではなく、代々そうしていたにすぎなかったのである。

彼らの定住生活への移行には、一つの型があったように思える。もっとも多かったのは、まず山番を引き受けることであった。そのあと山主や、周辺住民の協力で籍を得ることになる。彼らは、それまでほぼ例外なしに文盲だったから、自分たちでは就籍の手続きがとれない。姓を名乗る習慣もなく、家族や仲間うちでの呼び名はあっても、だいたいはヨシとかサクとかトメといった男女いずれにも付けられるようなものであり、どんな字を書くということもなかった。戸籍のうえで、漢字を用いた姓と名が付いているのは、世話した定住民と役場が相談した結果であった例がほとんどである。

有籍者になったからといって、すぐ普通の定住生活に入ったわけではない。既述のように、須藤シマは夫の義造と死別したあと、義造の実弟の寅造と夫婦になったが、住まいは仏沢のワラホウデンであった。彼らが、狭いながらも家と呼べる建物で暮らしはじめたのは、第二次大戦後になってからである。そこが新たに移った村の氏神の社務所であったことは、第一章に記したとおりである。

なお、シマの第一子、須藤勝次さんの妻は、前に何度も名前を出した須藤トヨさんである。トヨさんの母ヨネは義造の妹、寅造の姉であり、父の村岡留吉（姓のみ仮名）はシマの兄である。

トヨさんのきょうだいが、みな須藤姓を名乗っていたのは、留吉が戦後まで無籍だったからである。

右の縁戚関係は、一度くらい読んでもよくのみこめないと思うが、要するに須藤勝次さんとトヨさんは、父方をたどっても母方についても、いとこだということになる。この一族のほかの例を見ても、仲間うちの男女間の縁組みが非常に多い。彼らは、世間からきびしい差別・賤視のまなざしを向けられており、いきおいそうならざるを得なかったのである。わたしは関東地方北部の村落社会を歩いていて、「ミナオシ乞食」という言葉を何度も耳にした。彼らの子孫に対する、とくに結婚差別は平成二十年代の今日でも、まだなくなってはいない。

第六章　有籍の民、無籍の民

1　蘇陽峡の谷間

九州の中央部、五ヶ瀬川の上流域に当たる熊本県上益城郡山都町長崎あたりの峡谷は、蘇陽峡と呼ばれている。

そこは日本では、ちょっと珍しいほど壮大な規模のU字型の谷を形成しており、その幅は二〇〇―三〇〇メートル、深さは一五〇―二〇〇メートルほどに達するだろう。ただしV字谷でないため、地形はさして険しくはない。つまり幽谷といった感じの場所はほとんどなく、その景観は川の南東側の尾根筋に立って眺めたとき初めて迫力を覚えるのではないかと思う。

尾根は五ヶ瀬川と、支流の三ヶ所川にはさまれて南西から北東に向かって延びている。そこの「長崎」の地名は、五キロくらいにわたってつづく細長い地形によっているに違いない。

峡谷の下は、川に沿って廊下状の狭い平地が両岸に開けている。「滝下《たきした》」と通称されるが、地元では右岸側（南東側）を「長崎滝下」、左岸側（北西側）を「米山《こめやま》滝下」と呼んで区別することもある。長崎、米山は両岸の尾根上の地名である。なお、五ヶ瀬川のこの上流には滝はない。

熊本県山都町蘇陽峡付近の地形図。５万分の１図「高森」より。

すなわち、滝下とは「岳下《たけした》」を指している。

民俗学者の宮本常一が滝下を訪れたのは、昭和三十七年（一九六二）十月であった。その折りの見聞は、『山に生きる人びと』（一九六四年、未來社／河出文庫）の第五章「サンカの終焉」に記されている。章題からもわかるように、宮本は滝下の住民をサンカだとみなしていた。同書の冒頭には滝下の集落や民家の写真を載せているが、それぞれに「峡谷に定住したサンカの村」「サンカの古い民家」の説明を付けている。地の文にも、

「台地の上に住む者は峡谷は無縁というよりは交通を阻害して彼らに大きな不利をもたらしている自然で、この谷間の利用を考えてみることもなく、まったく捨て去られた世界であったが、その故にサンカにとっては獲物の豊富なめぐまれた天地であった」

などの表現があり、宮本がここをサンカの定住した村落だと考えていたことは明らかである。

山都町長崎の尾根から見下ろした蘇陽峡。

のちに述べるように、「サンカ」という言葉は古くから民俗語彙として存在していたが、今日では「特別の手わざによって生計を支える非定住民の集団」といったほどの意味で使われる一種の専門用語に近くなっている。したがって、研究者、著述者それぞれの理解に幅があり、また語義に曖昧さがつきまといがちである。

宮本が、第三章で取り上げた大阪・天土寺のミカ

ン山に住む人びとをサンカとしていたことは既述のとおりである。そうして、宮本は滝下の住民をもサンカとしている。宮本は昭和十年（一九三五）ごろの夏、大阪湾に注ぐ大和川の河原へ現れて二〇ばかりのテントを張り、ウナギを捕っていた一群の男女もサンカだと呼んでいる（「サンカの終焉」）。要するに、サンカの語をきわめて広く解釈していたことになる。しかも、わたしが気づいたかぎりでは、その言葉に定義を与えたことがない。

大和川のウナギ捕りについては記述が簡単すぎて、どんな集団だったのか判断がむつかしい。しかし、ミカン山の乞食と滝下の住民のことは、かなり詳しくわかる。前者の話は、すでに紹介した。卑見では、彼らは乞食と呼ぶべきだと思うが、サンカだとする立場を全く否定するつもりはない。双方の集団を構成する人びとの一部が、重なり合っている場合があったからである。

蘇陽峡の滝下に建つ民家。

問題は、蘇陽峡の谷間に定住した人たちである。彼らと、これまで本書で紹介してきた人びととのあいだには、いくつかの決定的な違いがある。その第一は、滝下の住民は、ここへ来る前も来てからも有籍で、無籍であったことは一度もない点である。つまり、素性がはっきりしている。

目の前の五ヶ瀬川で捕ったウナギなどの川魚類や、籠《かご》とか笊《ざる》のような竹細工を売り歩いていたが、それは日帰りの行商であり、およそ漂泊といった暮らしではなかった。ほぼ全員が学校教育を受けており、読み書きができた。明治、大正のころに、そうでなかった者がいたとしても、その比率は峡谷の上の村々とたいして変わらなかったろう。近隣との付き合いでも、差別・賤視を受けていた形跡がない。

そのような人びとを宮本は、なぜサンカと呼んだのだろうか。その背景には、宮本を蘇陽峡の谷間に案内した一人の郷土史家の思い込みがあった。そうして、その思い込みは、前章で名前を挙げた山窩小説家、サンカ研究者、三角寛氏の著書の記述を事実だと信じたことによって生じていたのである。

2　郷土史家が残した記録

井上清一氏は大正二年（一九一三）、蘇陽峡から西へ一五キロほどの現山都町浜町《はままち》に生まれている。

浜町は、この一帯の山間では、蘇陽峡に近い同町馬見原《まみはら》と並ぶ町場である。近ごろでこそ、いくぶんさびれた雰囲気になったが、かつては浜町も馬見原も活気にあふれた交通の要衝であった。

井上氏の生家は菓子屋であった。早くから家業を手伝いながら、独学で郷土の歴史や民俗を勉強していた。のちに浜町公民館長、旧矢部町教育委員長、同商工会副会長などを歴任している。平成二十年六月、満の九五歳で死去したあと山都町の名誉町民第一号に選ばれたのは、郷土の文化財保護や歴史研究に尽力した功績によってであった。

井上氏は、少なくとも二編のサンカに関連する文章を発表している。

・「山窩物語」（同人誌『舫船《もやいぶね》』所収、発表年不詳）
・「サンカ夜ばなし」（一九八八年、葦書房発行の雑誌『暗河《くらごう》』四三号所収）

である。これらはともに、『日本民俗文化資料集成』第一巻「サンカとマタギ」（一九八九年、谷川健一・荒井貢次郎編、三一書房）に収録されている。

「山窩物語」によると、井上氏が初めて「箕作り」に関心を抱いたのは昭和八年（一九三三）ごろであったという。氏は、その後、柳田國男の「『イタカ』及び『サンカ』」を読んで、その箕作りが「山窩という人達であることを知った」と述べている。

昭和八年五月のある日、箕作りの女房が井上氏の家へ「茶碗籠」を売りにきたので、母が二個買い、連れていた四歳くらいの女の子に氏の妹の古着と黒糖の塊を与えた。数日後、氏が近くの川へ釣りにいったところ、その親子の家族や仲間と出会い、先日のお礼に二〇尾ばかりの大型のハヤをもらう。そういったことがきっかけで、井上氏は彼らのことを調べはじめる。集団の跡をつけていくのである。

幼い女の子は、いつも赤い帯を締めていた。彼らの足跡を追ううえで、それがいい目印になった。あるとき「小峯村の仮屋神社」で、一行に出会えた。井上氏は次のように記している。

〈拝殿の横の木陰で箕の修理をしていました。このときも何を聞いても返事してくれませんでした。立去るとき、頭《かしら》と思われる髭の濃い目付の鋭い男が私の顔をじろりと見て、「つくんな！」と一言い〻ました。そのときの目付、視線、と云うか、まるで突刺される様な鋭いものでした。恐怖心がこみあげて逃出す様に其の場を去りました。それから箕作り達が通ったと思われる次々の村を尋ねる時も、どこかの森の中や、藪蔭から見られているような感じがしてなりませんでした〉

井上氏は、なおも彼らの追跡をつづけるが、いつも見失ってしまう。ただ、その消失場所は決まって蘇陽峡の近くであった。そこと彼らの本拠と何か関係がありそうだと思っていたとき、父親から明治二十五年（一八九二）、浜町で起きた強盗殺人事件の犯人が滝下に潜伏していて逮捕されたことを教えられる。それで滝下に注意を向けるようになったというのである。

「山窩物語」に語られている「箕作り」には、明らかに自らの体験によって得られたものとは違う、ある固定観念がまとわりついている。そのイメージの出所について井上氏は何も触れていないが、氏が三角寛から強い影響を受けていることは、「サンカ夜ばなし」の記述が裏づけている。といっても、こちらでも三角氏の名前を出すことはしていない。二つの著述におけるサンカ像は、あくまで自分の調査によるとしているのである。

「サンカ夜ばなし」には、「サンカあたりは十二部（とふたべ）といいまして十二種類の竹細工をする」とか「やはりサンカの仕事のなかに五守《いつもり》といいますか、川守とか野守とか、その守りをする連中もサンカ系統の連中がおったらしいですね」の文章が見える。この「トフタベ」「イツモリ」は三角氏の造語であり、それが表すような事実もサンカの集団にはなかった。井上氏は三角の『サンカの社会』（一九六五年、朝日新聞社）を読んで、そこに書かれていることを事実だと信じた結果、右のようなことを書いたのである。ほかにも、三角氏が捏造した虚構のサンカ像は、井上氏の二編の著述の至るところに色濃い影を落としている。

井上氏は、蘇陽峡の滝下をサンカが定住した村だと考えていた。そうして、そこの住民のほぼ全部が、南東へ二〇キロほど離れた宮崎県東臼杵《うすき》郡諸塚《もろつか》村七ツ山からの移住者だったことから、七ツ山がこのあたりの「サンカ」の根拠地だとみなしていたのである。

井上清一氏のこの理解は、そっくり宮本常一に受けつがれている。それがいかに不当なものかを以下で明らかにしたい。

3　彼らは無籍でも非定住でもなかった

蘇陽峡の滝下には、江戸時代中期ごろまで人はほとんど住んでいなかったようである。後期になると、ここへ七ツ山から人が入り込んでくる。彼らは、ウナギをはじめとする川魚の捕獲を目的としていた。捕った魚を馬見原など近隣で売るのである。

その出稼ぎは、初めは季節をかぎったものであった。下りウナギの最盛期の秋がとくに賑わい、それが過ぎたら故郷へ帰っていた。ところが明治維新後、居住の自由が認められるようになると、ここに定住する者が増えてくる。いちばん多いときで五〇戸くらいになっていたらしい。それが、わたしが平成二十七年秋、滝下を訪ねた当時、一年を通して人が暮らしている家は一〇戸ほどに減っていた。ほかに農作物の世話のため一定期間を過ごす、いわば半住民が何戸かあるということであった。

彼らのほとんどすべてが、七ツ山からの移住者であることは、当の住民もそう話しているし、峡谷の上の村人たちもみな知っている。七ツ山は広大な山間地だが、わたしの知人の民俗研究者、稲垣尚友氏によると、七ツ山のうちでも字八重《はえ》の平《ひら》から移ってきた人が多いという。ついでながら、「ハエ」の付く地名は九州には、いくらでもある。卑見では、それは崩落地を意味している。すなわち、他地方でツエ、クエと呼ぶ地形にひとしい。八重の平は、崩落しそうな急傾斜地に位置する、わずかな平坦地を指していると思われる。

とにかく八重の平にかぎらず、七ツ山はいたって生産力の低い、生活の苦しい土地であった。それが滝下への出稼ぎをうながし、またそこへの移住を決断させたのであろう。滝下で暮らすことなど、峡谷の上の人びとは考えもしなかった。ほかとの行き来が極端に不便なうえ、耕地にできそうなところはほとんどなかったからである。そんな場所でさえ、七ツ山で生きてきた人たちには故郷よりはまだましだと思えたからこそ、そこでの暮らしをえらんだに違いない。滝下は彼らの新たな天地になった。地縁と血縁を頼って、後続の移住者が相次いだのである。

右に述べたことはすべて、井上清一氏も知っていた。それどころか、井上氏は滝下住民の縁組み相手が、ほぼ例外なしに七ツ山から来たことを戸籍謄本によって確かめているのである。「サンカ夜ばなし」には次のように見えている。

〈熊本大学の歴史学の森田誠一先生。あの人と一緒に馬見原の町で壬申《じんしん》戸籍を見ましたら、馬見原の滝下ですね。いわゆる滝下の部落は、前から居た人のことは分かりませんけれど、嫁入って来た人たちの名が書いてあるんです。それがもうほとんど七つ山からです。だからああいう系統の人たちはやっぱりそういう系統の人たちしか貰いませんから。うん、これはやっぱり何か七つ山と関係あるなと思った〉

前後の文章を合わせ読むとさらにはっきりするが、「系統」の語はサンカなる特異な集団を念頭において使われているのである。

しかし、滝下に移ってきた者も七ツ山に残った者も、ただの山村生活者にすぎない。彼らが江戸期には人別帳に載り、明治以後は壬申戸籍に編入されていたことは、井上氏の調査によっても明らかである。また、その暮らしぶりには移動・漂泊といった側面もうかがえない。彼らが箕を作っていた形跡すらないのである。それにもかかわらず、井上氏は滝下住民をサンカだと信じて疑わなかった。宮本氏の「サンカの終焉」には次のような一文がある。

〈サンカの家では主屋《おもや》と竈屋《かまどや》を別にする。人の起居するところでは炊事はしないという。かりに竈を一つにしていても住居と竈屋の間には仕切りの壁があって、主屋と竈屋の入口は別々になっているという〉

この指摘も、井上氏の教示によっている。サンカの家では、主屋と竈屋を別にするなどといった事実は全く知られていない。そもそも、彼らはそんなゆとりのある家には住んでいなかった。

右のような特徴は、滝下の住民が七ツ山から持ち込んだものであろう。要するに、滝下の人びとは、どんな意味ででもサンカと呼びうる集団ではなかった。

ただし、井上氏が昭和八年ごろに出会ったという、赤い帯を締めた少女らはサンカであった可能性が高い。彼らと滝下を結びつけたのは、井上氏の早合点であったと思われる。彼らと同種の職業者は、戦後もしばらくのあいだ九州の一部には存在していた。その暮らしぶりは、本書でこれまでに紹介してきた人たちによく似ており、そうしてやはり原則として無籍、非定住であった。九州では、だいたいはヒニン、ときにカンジンと呼ばれていた。彼らと、滝下住民とのあいだには有無をいわせぬ違いがある。もし、宮本常一がヒニンのことを知っていたら、こちらこそサンカと呼ぶべきだと考えたに違いない。

次節からは、そのヒニンの生態の一端を取り上げることにしたい。

4　岩窟を転々とする

平成十九年五月、わたしは石風呂《いしぶろ》の取材で現大分県豊後大野市のあちこちを歩いていた。石風呂は、炭焼き窯か古墳の石室のような密閉空間で海藻や松葉などを焼いたあと、その上に敷いた筵に体を横たえる蒸し風呂のことである。同市は近年まで石風呂が広く焚かれていた土地である。

その折りに知り合った緒方町軸丸《じくまる》の吉良隆則さん（大正八年＝一九一九年生まれ）から、この一帯で移動を繰り返していた非定住民について貴重な教示を得ることができた。

吉良さんによると、この地方では竹箕、桜箕の二種類の箕が使われていたという。竹箕は竹（ほとんどが真竹）だけで作った箕であり、桜箕は縦材にヤマザクラの皮を用いた箕である。吉良さんは自宅に、むかし父親が買ったという見事な造りの大きな桜箕を持っていた。

「箕の行商や修繕に来ていた人たちがいたと思いますが、彼らのことを何と呼んでいましたか」

と、わたしは訊いた。

「ソウケ（笊の一種）を売りにくる者を含めて、ヒニンとかおヒニンさんと呼んでいたね」

「ほう、その人たちがどこに住んでいたか知っていますか」

「どこということはない。あちこちの川べりの岩穴なんかだよ。普通の家じゃない。だからヒニンと言ってたんだ」

阿蘇山麓や周辺には、火山灰が堆積して固まった凝灰岩の地層が至るところに分布している。その深部はがちがちに硬くなっているが、上層部はやわらかくて細工をしやすい。大分県あたりの石風呂は、たいてい凝灰岩を防空壕のような形にくり抜いて作ったものである。そういう地層が川に面していると、水の浸食によって容易にえぐられ、庇《ひさし》の付いた岩窟ができる。川床の低下や地面の隆起で、それが地上よりやや高くなれば風雨をしのげるかっこうの住みかになる。ヒニンと呼ばれる集団は、そんな場所をねぐらにしていた、と吉良さんは言ったのである。

吉良さんは、第二次大戦後まで彼らがしばしば集まり住んでいた場所として、豊後大野市に隣り合った竹田市の「ミサゴ」と「不動さまの岩穴」を例に挙げた。とくにミサゴには、たくさんのヒニンが集住しており、

「それで箕の行商人のことを、この辺ではミサゴの人とも言ってたよ」
ということであった。

しかし、吉良さんが暮らしてきたのは豊後大野市であり、「ミサゴ」や「不動さまの岩穴」の正確な位置を説明できなかった。一方、聞く方のわたしには土地勘がない。結局、このときは二つがどこなのかわからなかった。

わたしは帰宅して、まずミサゴがどこか調べにかかった。ところが、竹田市には「ミサゴ」「ミサコ」の音をもつ小地名がいくつかある。そのうちの飛田川《ひだがわ》字三砂《みさご》がどうもそれらしいと気づいたのは、しばらくたってからであった。

このあたりから南方へ七、八〇〇メートルの稲葉川（大野川の支流）には、「アシカタブチ」と通称されているところがある。そうして、このアシカタブチのまわりに箕と竹細工を生業とする非定住民が、かつて何家族も住んでいたとの報告が少なくとも二つ出ていたからである。すなわち、鳥養孝好『大野川流域に生きる人々』（二〇〇〇年、鳥養孝好先生還暦記念事業会）と、服部英雄「岩窟に住む家族たち」（『歴史の中のサンカ・被差別民』二〇〇四年、新人物往来社所収）である。両著を読み返してみると、吉良さんの話とよく符合する。鳥養氏によって、わたしは「不動さまの岩穴」が、竹

大分県竹田市・稲葉川のアシカタブチ。正面に見える道路の敷設によって淵は消えてしまった。

田市街の南西五キロほど同市岩本の不動岩洞穴らしいことも知った。

アシカタブチはJR竹田駅の南西一キロくらい、稲葉川が北方に向かって口を開けたU字状に急屈曲した付近に位置している。その底に当たるところを指す名前である。もとは深くよどんだ淵であったが、のち二車線の舗装道路が敷設されて淵は消えてしまった。そのそばの河原に建てた小屋と、すぐわきの山麓の岩窟には、かつて多いときには何十人もの「ヒニン」と呼ばれる人びとがセブっていたのである。

彼らの主たる生業は、箕とソウケの製造・行商であった。箕は桜箕であり、ソウケは楕円形の笊の一方に口が開いたような格好の、特徴的な形状のものである。

彼らのセブリを確かめたくて、わたしが竹田市や豊後大野市を訪ねたのは、吉良さんに会ったときから四年半ばかりのちのことだった。そのころになっても、両市にはヒニンのことをはっきりと記憶にとどめている人が、いくらでもいた。ヒニンと呼ばれる集団は昭和四十年（一九六五）代まで、岩窟を転々とする漂浪生活をつづけていたのである。

5　最も遅くまで存在した漂泊民集団

平成二十三年九月、竹田市・稲葉川の通称アシカタブチ跡から二〇〇メートルばかり下流を歩いていた昭和十四年（一九三九）生まれの女性は次のように話していた。

「わたしがここ（竹田市天神）へ嫁に来たころには、まだあそこにたくさんのヒニンがいました。ソウケなんか作ってましたね。箕も作っていたと思います。あの人たちは、いま竹田のあちこちに分かれて住んでますよ。ときどき見かけることがあります。どこかに勤めたりしてるんじゃないですか」

「あそこ」とは、淵に面した河原と、その背後の岩窟のことである。河原には、ワラホウデンに似た小屋がいくつか建っていたらしい。

「竹田のどこかに、新しく家を建てて住んでるんですか」

アシカタブチ背後の岩窟の入り口。
雑木に隠れて、いま岩窟は見えなくなった。

わたしは何気なく、ほかの地方での非定住民たちのその後を念頭におきながら、そう訊いた。

「いえ、間借りとかで」

これが答だった。そこには、家を建てるなんてとても、といった響きがあった。それはともかく、女性は少なくとも彼らの一部が当時どこに住んで、どんな暮らしをしているのか、だいたいは知っていたことになる。そのような人は、いまも竹田あたりにはいくらでもいることだろう。

アシカタブチから東南東へ六キロほど、豊後大野市緒方町辻に住む昭和八年（一九三三）生まれの男性の話は、彼らの生態をよく伝えている（以下に文章体で記す）。

「自分は農民だから、箕はよく使っていた。竹だけでできたものと、縦が桜の皮のものとがあった。箕はヒニンが売りにきた。彼らはソウケも売っていた。先がすぼまったやつだ。どちらも素人には作れない。この辺をまわっていたヒニンは何家族もいた。彼らは、あちこちの川べりにある岩陰で寝起きしていた。天幕というのは見たことがない。ヒニンは一つの穴に何日とか、せいぜい一ヵ月くらいいて、それからどこかへ行ってしまう。いつの間にか来て、いつの間にかいなくなった。だいたいは妻が子供を連れて行商や、箕の修繕の注文取りに各農家をまわっていた。修繕を頼むと、いったん穴へ持ち帰って、それから直したものを持ってきた。自分も何度も頼んだことがある。子供たちは学校へは行っていなかった。ヒニンの子供と遊んだことはない。親から遊んではいけないと言われていた。それは向こうも、わかっていたのではないか」

わたしは、バス停に立っていたその男性に声をかけ、病院へ行くところだと知って、緒方の町場まで車で送っていった。右の話は、そのあいだに聞いたのである。

この男性はヒニンの子供と遊んだことがなかったが、竹田市岩本の不動岩洞穴のすぐ近くに住む昭和十年（一九三五）生まれの男性は、彼らと遊んだことがあった。

「あそこは岩が庇のように突き出していて、雨は防げるが穴ではない。多いときには五家族くらいのヒニンが、いっとき暮らしていた。仕事は主にソウケ作りだった。うしろの山の桜の皮がはがれていたので、箕も作っていたと思う。彼らは夏など前の川（大野川）へ行って体を洗ったりしていた。自分も川でヒニンの子供たちと水浴びをしたことがある」

ここの岩窟は、前節で名前を出した緒方町軸丸の吉良隆則さんが言った「不動さまの岩穴」のことである。右の男性は、その穴に最も近い家に住んでいた。男性は突然訪ねてきて妙なことを聞くわたしを、かつて穴で暮らしていた子供の一人だと思ったらしい。わたしの顔をじっと見ながら、それをにおわす言葉を口にした。横にいた奥さんが、慌ててさえぎったものだった。

その奥さんの年齢は聞き漏らしたが、昭和四十年（一九六五）に嫁に来たということであった。そのころでも、まだ少なくとも一家族のヒニンが穴にいた。ただし、岩陰に小屋を建て、風呂も作っていたという。すでに半ば定住していたのである。ほかにも仲間がいたのかどうか、奥さんの記憶は定かではなかった。

男性によると、道路から穴に向かって左手（南側）に、この村の者たちの古い墓が並んでいる。その奥（北側）にヒニンの墓もあった。墓といっても河原石を置いただけである。

「死んだら、そのあたりに遺体を埋めていたのではないか」

と男性は話していた。

竹田、豊後大野両市で、わたしが聞き取りを行った住民のうち、おおむね昭和二十年より前に生れた人びとは、ほとんど全員がヒニンのことを知っていた。その数は一〇人ほどだが、いずれも右に挙げたような集団を「ヒニン」と言っていた。ただし、服部英雄氏の「岩窟に住む家族たち」には「カンジン」の語が報告されている。また、小野重朗氏の『南九州の民具』（一九六九年、慶友社）によれば、「箕やモミトオシなどを修繕してまわる」職業者のことを鹿児島県加世田市（現南さつま市）あたりでは「ミツクイドン」と呼んでいたという。「ミツクイ」は「箕繕い」のつづまった言葉か、「箕作り」の音便化だと思われる。

その呼称がどうであれ、彼らが熊本県山都町滝下の住民とは全く異質の集団であったことは、だれの目にも明らかであろう。

6 『大野川流域に生きる人々』

鳥養孝好氏は昭和十年（一九三五）、現在の大分県竹田市で生まれている。國學院大学史学科を卒業したあと、主に同市で高校教師をしていた。

氏の『大野川流域に生きる人々』は二〇〇〇年、還暦を記念する会を版元として出版され、これが遺稿集となった。同書には考古学関連の論考が多いが、一二五ページ以下に竹田、豊後大野両市のヒニンについて記した論文二編が収められている。初出は一九七二、七三年であった。

内容の核心は、鳥養氏がまだ高校生だった昭和二十七年（一九五二）から二十八年へかけての体験、見聞にもとづいており、貴重な記録となっている。氏は二十七年の夏、稲葉川へ釣りに行き、川に落ちたアシカタブチのヒニンの子供を助けたことから、彼らと多少の付き合いがあったという。

鳥養氏によると、当時、アシカタブチの河原には小屋が二つあり、背後の岩陰の一家族を含め、合わせて三家族、八人が付近にセブっていた。彼らは、みな一族であったらしい。小屋を彼らは「トベ小屋」と呼び、その構造は本書ですでに紹介したワラホウデンとほぼ同じであった。自らは「タビニン」と称し、生業は箕の製作・修繕を主とするほか笊作りや川魚類の捕獲もしていた。つまり、外部からの観察例どおりだったといえる。

鳥養氏は、昭和四十七年（一九七二）発表の論文で「ここ十年ほどその姿を全く見かけること

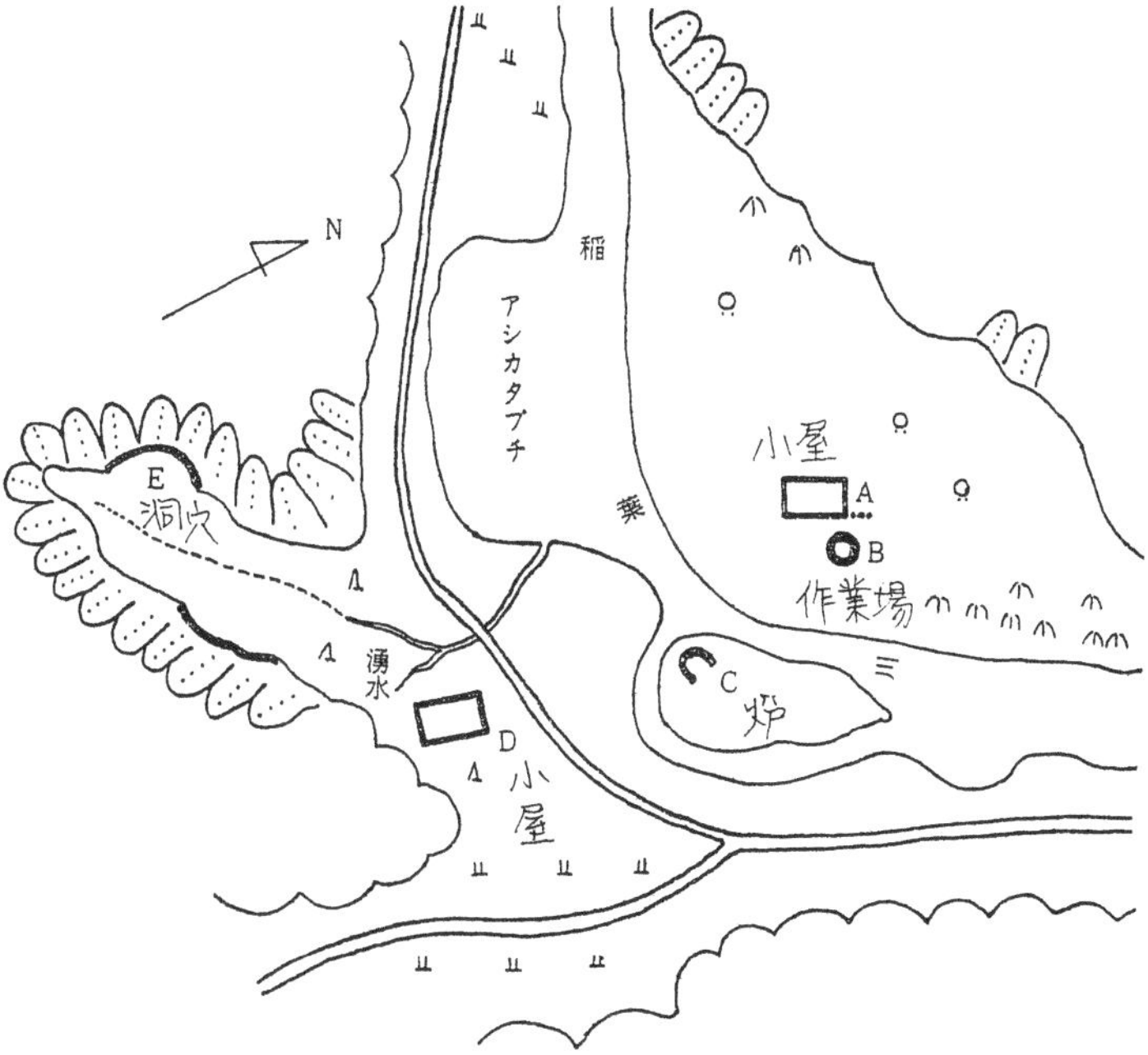

アシカタブチ周辺の図。『大野川流域に生きる人々』より。
一部に引用者の書き込みが入っている。

ができなくなってしまった」と述べている。しかし、翌年の論文では「昭和三七・八年の頃にも、この洞穴に夫婦と二人の子供が一年以上にわたって住」んでいたという、県立竹田高校の教え子「数名の言」を伝えている。昭和四十年近くまで、アシカタブチの岩陰を住まいとしていた人びとがいたことは、まず間違いないのではないか。

　鳥養氏は、既述の竹田市岩本の不動岩洞穴についても調べ、

「昭和三〇年頃から、洞穴内に、比較的堅牢な小屋を作って定住し、四三年頃まで利用

し、竹細工、炭焼きや農作業の日傭《ひよう》取りに出ていたという」

と記している。

これは前節で紹介した、岩陰の最寄りの家に住む夫婦の話とぴったり対応している。あるいは、情報源は同じかもしれない。わたしの聞き取りのときには「昭和四十三年」の数字は出てこなかったが、それは年月がたちすぎていたためであろう。先の夫婦は、

「小屋を建てていた人は初めはソウケを作っていたが、のちにどこかへ出稼ぎに行って、そこで知り合った奥さんを連れて帰ってきた。奥さんは指圧のようなことをしていた」

とも話していた。穴を引きはらったあとは竹田市玉来《たまらい》へ移っていったそうである。

服部英雄氏の「岩窟に住む家族たち」からは、鳥養氏の記録とはまた違った彼らの一面がうかがえる。右を執筆した当時、九州大学の教授だった服部氏は、友人の案内で竹田市H地区（大字飛田川のことか）を訪ね、そこの大正六年（一九一七）生まれの男性に聞き取りをしたことがあった。男性はアシカタブチのヒニンについて次のように語っていたという。

「戦後の国勢調査にいったことがある。昭和三十年ぐらい。ふだんは二十八人、七、八世帯おった。多いときは六十何人おった。川の反対側にもおったから（それぐらいにはなる）。川の中で飯炊くため、炉を作った。（国勢調査の質問、姓名の確認などに）自分では字を書かん。……字書ききらんのですかねぇ。勝手なことばっかりいう。Y姓で、なつ、ふゆ、あきとか本当かどうかわからん名前を適当にいう。KとYの二つの苗字だけだった」

川の中で飯を炊くとは、河原にもうけた炉での煮炊きを指し、その炉は鳥養氏によっても調査

されている。炉は大石四個を組み合わせて作ってあったという。

鳥養氏は昭和二十八年ごろのアシカタブチ住民の数を八人とし、右の男性が「ふだんは二十八人、多いときは六十何人」としているのは、時期の違いもあるのだろうが、彼らが常に増減を繰り返していたためでもあったと思われる。

服部氏によると、同種の集団はほかにも、

- 福岡県京都《みやこ》郡犀川《さいかわ》町（現みやこ町犀川）の祓《はらい》川の川筋
- 大分県東国東《くにさき》郡安岐町（現国東市安岐町）の安岐川
- 佐賀県東松浦郡北波多《はた》村（現唐津市北波多）

などにもいたということである。

既述、井上清一氏の著述に現れる「箕作り」も、その例である可能性が高い。同氏は彼らと蘇陽峡の滝下住民を結び付けていたが、それは誤解だったようである。

九州で彼らを呼ぶもっとも一般的な呼称は、ヒニンであった。福岡県京都郡豊津村（現みやこ町）出身の作家、葉山嘉樹は短編「凡父子」（一九四〇年発表）で彼らとおぼしき漂泊民を取り上げているが、やはり「非人」の名で呼んでいる。この呼称は、ほかにも愛媛県などにあったことが知られている。

7 別府・的ヶ浜のこと

大分県別府市の北的《まと》ヶ浜《はま》町・南的ヶ浜町は、JR別府駅の北東五〇〇メートルくらいに位置する地域で別府湾に臨んでいる。現在、前面は南北に細長い人口海浜になっており、そこと周辺には各種の観光施設が点在している。

このあたりを速見郡別府町的ヶ浜といっていた大正十一年（一九二二）三月二十五日、ここで細民たちが集住する多数の小屋を警察が焼き払うという、いわゆる「的ヶ浜事件」が起きている。事件を伝える記事には、資料によって違いが大きい。ここでは、その細民集落の住民の一人、「的ヶ浜隠士」を名乗る人物の記述にしたがって事件の概要を振り返っておきたい。出典は『近代庶民生活誌』第一一巻（一九九〇年、南博編、三一書房）所収の「別府的ヶ浜事件真相」と題された文章である。

同日午前一〇時ごろ、別府警察署の巡査十数人が海近くに並んでいた粗末な小屋の群れに現れ、住民たちに対してただちに立ち退くことを命じる。その理由について、この事件を糾弾する立場につく者は、翌月七日に大分市で開かれることになっていた赤十字支部の総会へ出席予定の閑院宮載仁《ことひと》親王一行の通過路に当たっており、その目に触れさせないようにするためだったとしている。載仁氏は生粋の軍人で陸軍大将、元帥であったが、この当時、日本赤十字社総裁の地位にいた。

右の指摘を警察や行政側は強く否定して、ほとんど毎年のように行っている不法占拠者の排除だったとする。いずれにしろ、同日午後には再び巡査がやってきて、住民の懇願をよそに小屋に火を放ったのだった。「真相」によると、焼かれた小屋は二一戸だが、一戸のうちに二世帯、三世帯が同居するものがあり、焼け出された住民は百数十人に達していたようである。

警察による、この乱暴すぎる仕打ちは、さすがに大きな反響を呼び、大分県内にとどまらず全国的に広く憤激をまねく結果になった。これに政友、憲政両党間の政争と、それぞれの党派に連なる新聞間の思惑もからんで、いっとき世間を紛擾《ふんじょう》させたのだった。事件は、警察を容疑者とする放火罪に当たる可能性が高いように思われるが、結局うやむやのうちに沈静化してしまう。

本書で取り上げたいのは、この細民集落が当時の新聞記事や警察、行政機関の発言の中で、しばしば「山窩部落」「非人小屋」「乞食部落」などと表現されていた点である。この事実から、のちにここをサンカの集住地であったとする見解も生まれている。

しかし卑見では、彼らはサンカすなわち前節までに紹介した九州におけるヒニンではない。知られているかぎりでは、ほとんどが有籍であったし、中には在郷軍人も含まれていた。生業は大半が竹細工であった。竹細工は、とくに西日本では被差別部落（主に江戸期の穢多村、一部が非人部落）の住民が従うことが多かった仕事である。彼らの救済に力を尽くした浄土真宗の布教師、篠崎蓮乗氏も彼らの出自と被差別部落とのつながりを想定していたようである。ただし、それを裏づける事実は確認されていない。

いずれであれ、多くが有籍であり、文字を理解できたこと、箕の製造・修繕にたずさわっていた形跡がないことなどから考えて、竹田市のアシカタブチなどにセブっていたヒニン集団とは明らかに違う。また、熊本県・蘇陽峡の滝下住民とも全く別種の人びとである。それなのに、なぜ山窩と呼ばれていたのだろうか。

明治の後半から大正時代にかけての新聞には、よく「山窩」の文字が登場していた。その意味は書いている記者自身も理解できていなかったようだが、おおよそのところ「各地を漂浪しながら犯罪の機会をうかがう危険な無籍者の集団」を指すつもりだったらしい。この言葉は明治の初め、近畿か中国地方の警察で部内の隠語として用いられはじめ、しだいに全国の警察へ広がっていき、それが警察取材を通じて新聞記者にも伝わったのである。

次章で触れるように、右に挙げた地方には「サンカ」なる日常用語が存在していた。それが指す人びとは、やはり原則的には無籍であり、別に犯罪とのかかわりが深かったわけではないが、近代国家の警察は無籍だというだけで、その状態にある者たちを敵視した。国民の義務も果たさぬ惰民とみなしたのである。そのような憎悪・蔑視の感情は、仕事がら彼らへの警戒を生み、彼らを犯罪予備軍と考えがちにしたと思われる。

第七章　川に生きる

1　「あれはサンカだ」

平成二十三年九月、わたしは非定住民の生活の痕跡を求めて兵庫県の西部から岡山県の東部あたりを車で走っていた。調査方法は単純で、土地で暮らしていると思われる年配の人びとを見つけては声をかけるのである。わたしは、それまでの体験から、二一世紀の今日でもなお、村落社会には大量の漂泊民情報が埋もれていることを知っていた。

のちに昭和八年（一九三三）生まれとわかるその男性は、岡山県美作《みまさか》市東吉田の国道429号に面した自宅の前で、同年配らしい女性と話をしていた。わたしは近くに車を停めて、話が終わり家へ入っていこうとする男性を呼び止めた。簡単な挨拶のあと、「昔このあたりにいた、あちこちを移動して歩く川漁師について何か知りませんか」と訊いた。すぐ東側の兵庫県西部で、非定住の民といえば、まず川魚漁に生きる集団を思い起こし、彼らをサンカとかオゲと呼んでいたことがわかっていたからである。ただし、わたしは聞き取りに際し、こちらからサンカ、オゲの言葉を出すことはなかった。どんな民俗語彙が用いられていたかは重要な観察点であり、先方の口から発せられるのを待つのが望ましいからである。

「それはサンカのことですか」

男性は、わたしの問いにつづいて、そう訊いてきた。やはり、その言葉を知っていたのである。

わたしは、うなずいた。

「サンカはね、こんな小さな川にはいませんでしたよ」

東吉田は岡山、兵庫、鳥取三県が接するあたりに近い山間地である。国道に沿って後山川《うしろやま》（吉井川に注ぐ吉野川の支流）が流れているが、幅は数メートルしかない。男性は、目の前の川へ顎をしゃくりながら、そう答えたあと次のような話をしたのだった。

男性は二〇歳のころ、ここから南西へ五〇キロ余り離れた現岡山市北区建部町の旭川ダム建設現場へ出稼ぎに行った。昭和二十九年（一九五四）にダムが完成する前のことで、まだ旭川はせき止められていなかった。

そこで働いているときのことだが、のちに長大な堰堤ができる場所の少し上流で、夜ごと川漁をしている中年の夫婦がいた。夜になると川に流し針を仕掛けてウナギ、ナマズ、ギギ（コイ目《もく》の淡水魚）などを捕っていたというのである。

その流し針は、男性が住む美作市東吉田の辺では「ヨヅケ」と呼ぶ形式のもので、やや太く、うんと長い道糸に、もっと細く短いテグスを互い違いに付けて、それぞれの先に針を結んだ仕掛けであった。だから故意であれ偶然であれ、どこか一ヵ所を引っかけたら、全部をたぐり上げることができる。それを恐れてのことであろう、夫婦は岸で夜釣りをするふりをしながら、一晩中、流し針を見張っていたという。そばには小さな川舟がつないであり、それにいろんな荷物を積んであった。舟で寝起きしていたのである。

男性が住み込んでいたのは「広鉄《ひろてつ》組」の飯場であった。そこの責任者が夫婦を見て、

「あれはサンカだ」

と言ったという。責任者は、

「連中は雨が降ったら橋の下に寝る」

とも話していた。

夫婦が当時なお、無籍・非定住であったのかどうか、もちろんわからない。すでに、どこかに定住して、慣れ親しんだ稼業で生活費を得ていた可能性も十分にある。その場合は定住地で子供を学校に通わせながら、二人だけで各地を転々としていたかもしれない。しかし、いずれであれ、彼らがサンカの系譜につらなる人びとであることは間違いあるまい。

右はサンカ本来の暮らしが観察された、最も遅い例の一つではないかと思われる。関東地方のミナオシや九州中、北部のヒニンのような箕作り系の漂泊民集団は昭和二十年代には広く、同四十年代初めになってもまだ一部地域では見られた。その理由として、同三十年代半ばごろまでは、箕が農家の必需品

岡山市建部町の旭川ダムから見下ろした旭川。

でありつづけたことが大きい。これに対して、川漁系のそれは一世代くらい早く姿を消したといえる。日本の社会経済的な構造が変化し、彼らが従来の生業で家計を維持するより有利な生き方が出現したからである。

なお、先の男性の「サンカは、こんな小さな川にはいない」との指摘は必ずしも正しいとはいえない。漂泊の川漁師は、しばしばウナギを追って歩いていたが、ウナギはごく小さな流れにも棲んでいるからである。また、彼らはイシガメやスッポンを狙うことも多く、それらについても同様である。

それを裏づける証言は、のちに紹介することにしたい。

2 岡山県・旭川沿いで

旭川は蒜山《ひるぜん》高原に源を発し、ほぼ一貫して岡山県中部を南流、岡山市街の南方で児島湾（瀬戸内海）へ流入している。旭川ダムは、その中流にある。

前節で紹介した男性の話を聞いた翌日、わたしはまずダムを見たあと、そこから下流二キロほどの左岸、岡山市北区建部町鶴田《たづた》を訪ねた。右に関連した話が聞けるかもしれないと考えたのである。そこは旭川が大きく蛇行する、すぐ上手の街村《がいそん》で何十戸かの民家が道路に沿うように並んでいた。

その一軒の前にいた八〇代半ばとおぼしき女性によると、背後の家には川漁だけで家族を養っていた男性が住んでいたということであった。男性は「八二か八三で亡くなったが、ことし（平成二十三年）が七回忌だ」そうだから、大正十二年（一九二三）か十三年ごろの生まれであろう。

男性はブリキで作った小さな舟で漁をしていた。その舟をリヤカーに乗せ、バイクで引っ張って鶴田の上流や下流へ出かけていた。川にいるものは何でも捕っていたといい、獲物は妻が売り歩いていた。田んぼや畑は全く持っていなかった。専業の川漁師であった。この一家は、もちろん定住民であった。しかし、もとからの住民ではなかった。昭和二十九年に旭川ダムが完成するまでは、もっと上流の村に住んでいた。そこが湖底に沈むことになったので、鶴田へ移ってきたのである。そうして、それ以前のことは女性にはわからないのである。

岡山県真庭市野原あたりの旭川。

その一家がサンカの系譜につらなるのかどうか、はっきりしない。ただ、その暮らしぶりは定住して間もないころのサンカの生活と共通するところがある、とはいえる。旭川流域にはかつて、同種の職業者が少なくなかったようである。当時、年配の村人はたいてい、そのような川漁師の名を一人や二人は挙げることができたのである。ダムの上流一五キロばかりの右岸、真庭市野原で会った昭和八年生まれの男性の話は、とくに興味ぶかい。

その男性は、道路ぎわに停めた軽トラックの中で、いっしょに鮎漁へ行くため知人を待っていた。わたしが、いつものような質問をすると、ぴんと来た感じで「サンカのことですよね」と言ったあと、

「知ってますよ。橋の下に寝たり、天幕に泊まったりしながら、あちこち移り歩いてた川漁師のことでしょう。自分は見たことはないが、親やほかの年寄たちから聞きました。だいたいは亭主が漁をして、女房が売り歩いてたんじゃないんですか。自分らの親くらいの年代の者なら年中、目にしてたし、サンカの天幕も見ていたと思いますよ。サンカの話は、よくしてましたねえ。サンカも、いまは新しく家を建てて暮らしてるようですよ。この上流の落合（町の名）には何家族もが定住したと聞いてます」

と語ってくれたのだった。

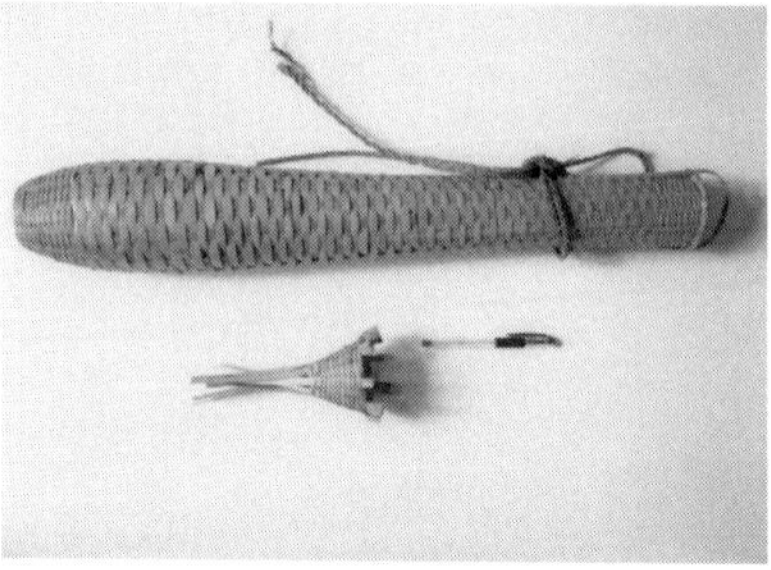

ウナギ捕獲用のウケ。

ほかの人びとの情報も合わせ考えると、旭川流域に川漁を生業とする無籍・非定住の集団が存在し、彼らを日常用語（民俗語彙）でサンカと呼んでいたことは間違いない。同種の職業者はもっと広い範囲にいて、その呼び方にはサンカのほかオゲ、オゲタ、ポン、ポンツク、ノアイ、サンガイ……などがあった。彼らが分布していたのは、おおむね近畿、中国、中部地方と四国の一部にかぎられ、その他の地域ではごく少なかったか、聞き取りでは確認できないほど早い時期に姿を消したようである。

彼らは、本書ですでに取り上げた関東のミナオシ、福島県浜通りのテンバ、九州中、北部のヒニンなどとは明らかに違う。無籍・非定住という共通点はあるが、生業に無視できない差が存在する。それは、おそらく起源を異にしているからであろう。

川漁系の漂泊民が濃密に分布する、右の諸地域では不思議にも箕にかかわる非定住民はほとんど観察されていない。前者も竹細工のような手仕事に従うが、東日本のミナオシが主として生計を頼った箕《み》と筬《おさ》（機織り具の部品）の製作・修繕・行商に手をそめていた形跡がないのである。

箕も筬ももちろん、全国どこででも用いられていた。だから、その需要に応える人びとも当然いた。先に列挙した地方で、その仕事をになっていたのは、まず例外なしに被差別部落の住民であった。非定住民ではない。

すなわち、乞食やハンセン病者などを別にすれば、日本には二つの代表的な無籍・非定住の集団が存在していた。細工系と川漁系である。細工といっても、特定のそれに限局されていた。その中心は既述のように箕であり、やや古くはこれに筬が加わっていた。筬は、箕よりも一世代ほど早く使われなくなり、その結果、筬にかかわる漂泊民も一足はやくいなくなったのである。その消滅時期は、川漁系と前後していたようである。

よく漂泊民のたつきとして、竹細工が挙げられる。たしかに筬もその一種だし、竹だけで作った箕もある。また、九州のヒニンはソウケ（竹笊の一種）も製造・販売していた。

しかし、もっぱら籠、笊など普通の竹細工で生計を支えていた漂泊民というのは、ほとんどいなかったと思う。仕事にしていたとしても、原則として副業であった。これは彼らの起源を考えるうえで重要な観察点であり、のちに改めて取り上げることにしたい。

3　岡山県警の「山窩調査」について

本節では少し視点を変えて大正四年（一九一五）八月、警察協会岡山支部が発行した部内誌『警察誌』四九号に掲載された「山窩査調表《ママ》」を紹介したい。これは同年五月十二日に、岡山県下の各警察署が実施した一斉調査にもとづいたものである（この資料は、「日本近代文学と部落問題」をテーマにしている大阪在住の研究者、秦重雄氏からの提供である）。

●総数六七二人

管内人	男	282
	女	228
管外人	男	100
	女	62

●職業別

川魚業	273
乞丐《はいと》	80
無職	79
靴直シ	52
洋傘直シ	22

辻占《つじうら》売	15
箒《ほうき》売	15
玩具売	15
竹細工	14
ラウ仕替《しかえ》	14
石鹼売	12
其他	78

職業別の「備考」として、「其他は易者、日雇稼、小間物商、土方稼、鋸《のこぎり》目立等をなすもの」とある。この項目の合計は六六九人となって、「総数」と少し合わない。

なお、ラウ仕替の「ラウ」（羅宇）は「ラオ」ともいい、キセルの火皿と吸口とを接続する竹管のことである。それを交換する職業者をラウ仕替、ラウ替といい、細民の代表的な仕事の一つであった。

ここで警察が「山窩」と認識していた集団は、地域社会で「サンカ」と呼ばれていた人びととは、だいぶ違っているようである。

同誌では「山窩浮浪者取締方法如何《いかん》」と題して、二人の警察官が意見を述べている。そこには何度も「山窩浮浪の輩《やから》」「之《こ》れ等《ら》浮浪の徒」「山窩とか浮浪者とか云ふ奴《やつ》」などの表現が出てくる。すなわち右の統計は、いつの時代にあっても警察の取締まり対象とされがちであった単なる「浮浪者」や、ただの細民を含んでいるのである。そうでありながら、職業別では「川魚業」が突出して多いことは、警察でも非定住の川漁師を「山窩」だとみていたことを示している。そこで「箕直し」が立項されていないこと、「竹細工」でさえわずか一四人を数えるにすぎないことは注目されてよい。

後述のように、「サンカ」なる言葉は遅くとも一六世紀には存在していた。ただし当時は、この語で被差別民を総称していたようである。それが時代の推移とともに、無籍・非定住の被差別民のみを指すようになる。しかも、そのような変化が起きたのは一部の地方にかぎられ、ほかでは言葉そのものも忘却されてしまう。

右の「一部の地方」が、どことどこか正確に特定することは難しい。しかし、近畿地方の中央部から中国地方の東部が含まれることは、まず疑いない。とりわけ、岡山、広島両県あたりでは、日常用語として広く通用していたと思われる。

明治維新後、おそらく近畿か中国地方のどこかの警察が「サンカ」という言葉を部内用語として採用する。その際、「各地を漂浪しながら犯罪の機会をうかがう危険な無籍者の集団」とでもいった新たな意味が付加されたのである。当時、そう思って見れば、そうだと思える人びとは少なからずいて、彼らを指す簡単な隠語として全国の警察へ広がっていく。

それを外部社会へ持ち出したのは、マスコミとくに新聞であった。明治後半から大正時代のころには、「山窩」の語が新聞の社会面でときどき見られた。その意味は警察の隠語と変わらなかった。

ところが昭和に入ったあたりから、従来とは全く違った山窩像が現れてくる。すなわち、「内部に厳しい掟をもつ秘密結社か地下帝国のような集団」「深山に住み、その本当の姿はまずうかがえない謎の人びと」で、部内の秘密を洩らしたら、どこへ逃れようと必ず殺されるというふうなイメージをまとってくるのである。それを作り上げたのは、小説家たちであった。昭和初期の三角寛の小説群がその典型だが、その前の大正十五年（一九二六）に発表された大佛《おさらぎ》次郎の長編『照る日くもる日』などにも、右のような山窩像はすでにはっきりと表れている。戦後では、昭和六十年（一九八五）刊行の五木寛之氏『風の王国』が、その代表であろう。

一方で、サンカとは何か、その実像を明らかにしたいと考える研究者が少数ながらいた。柳田國男はもっとも早く、それを試みた人物であった。柳田のサンカ観は明治の末年、『人類学雑誌』に発表された論文「『イタカ』及び『サンカ』」にまとめられている。わたしが、いま言っておきたいのは、そこで柳田は「サンカ」の語を、それが民俗語彙として存在していた地方にかぎらず、ほかの地域の同種集団にも適用して用いたことである。つまり、東日本のミナオシや中部地方のポンなどもサンカと呼んだのだった。そうして、この用法は、のちの多くの研究者に受けつがれて今日に至っている。

4　「サンカ」と「オゲ」の混用地域

本章の冒頭で名前を挙げた岡山県美作市東吉田は、同県の東端に位置している。わたしは、ここを訪ねる前、同じ国道429号沿いの兵庫県宍粟《しそう》市一宮町黒原で聞き取りをした。平成二十三年九月のことである。

その折り、ゲートボール場にいた大正十五年（一九二六）生まれの男性から「サンカモン」の民俗語彙を聞くことができた。男性は、

「どこかよそから山の猟や川釣りにやってきて、獲物をさがしながらうろついている者のことをサンカモンと言っていた。子供のころ大人たちが、そう言っているのを聞いたことがある。地下《じげ》の者には、そんな言い方はしなかった。この言葉も、もう何十年も全く耳にしていない。サンカモンは、漢字ではヤマとカワのモノと書くのではないか」

と話したのだった。

男性は「山河者《さんかもん》」と理解していたのであろう。これは疑いもなく、本来の語義とは無縁の宛字だが、一面でその生態をよく語っているといえる。

とにかく、このあたりで非定住民としてのサンカが姿を消したあと、言葉だけがかろうじて残っていたことになる。しかし、それもすでに死語に近くなっていたらしく、いっしょにいた同年配らしいほかの三人は、そんな語は耳にしたことがないと言っていた。

これより八年ほど前、黒原と東吉田の中間あたりに位置する宍粟市波賀町斉木でわたしが会った昭和五年（一九三〇）生まれの男性も、漂泊民としてのサンカを知っていた。この人はサンカは川の漁師だと言っていた。ただし、自分で目にしたことはなく、

「いたのは自分らの親の代ごろまでではなかったか」

とのことであった。

黒原も斉木も兵庫県西部、中国山地南麓の山間地だが、かつてこの一帯に川漁にかかわる非定住民が姿を現しており、彼らをサンカと呼んでいたことがわかる。

ところが、黒原のすぐ西隣の同市一宮町井内《いうち》に住む昭和十七年生まれの男性は、わたしの聞き取りに対して非定住の川漁師というのは見たことはもちろん、話に聞いたこともないと述べたうえで、自分から「オゲ」の語を口にした。何か関係がありそうに思ったのであろう。わたしが、どんな意味かたずねたところ、

「子供のとき川へ釣りに行って長いこと遊んで帰ったら、父親から、お前はオゲかと言われたことがある」

と答えたのだった。

これは、このあたりにかつて、人びとが「オゲ」と呼んでいた川漁師が回遊してきていたことを示唆している。彼らが姿を消したあと、言葉だけが残ったのであろう。実際、後述のように、ここより東方の京都府北部、由良川沿いには、もっと遅くまで「オゲタ」と称される非定住の川漁師集団がいて、それを裏づける確実な証言がある。オゲタの「タ」は番太《ばんた》、与太《よた》、女太《めんた》など侮蔑の意を込めた「タ」だと思われる。

要するに、兵庫県西部の山間に位置する宍粟市あたりではサンカ、オゲの語が混用されており、いずれも川魚漁をしながら各地を渡り歩いていた同一の職業集団を指していたことがわかる。

宍粟市の南東隣、姫路市の市川沿いでもサンカ、オゲの両語が混在していた可能性が高い。柳田國男門下の民俗研究者、後藤興善氏の『又鬼《またぎ》と山窩』は昭和十五年（一九四〇）の刊行である。

後藤氏は姫路市の出身で、生家に近い市川の河原に「二、三年前までは小屋がけして川漁をしてゐたオゲ」から聞いた話を記録している。それによれば、彼らが本章で紹介してきた無籍・非定住の川漁師と同種の人びとであることは明らかだが、ここで注意しておきたいのは同書末尾の「追録」に見える次のくだりである。

〈自分の少年時分、この徒をサンカ・ドサンカと卑しみ恐れて呼んだ。「山窩」の字音によれば、サンクヮと発音しさうなものだつたと考へるが、さう発音しなかつた。古くからオーゲと呼ばれるのがこの徒だつた。今夏帰省して、八十二歳の青田庄三郎といふ老人に聞くと、改正になつてから、サンカと云ひ出したので、もとはオーゲでしたといふ。以前はよく、市川の川原や甲山の裏手にテントを張つてゐる者を見かけた。この徒で山番をしてゐる者や渡し舟の守をしてゐる者もあつた。渡場の女房が鰻の串焼をよく売りに来たことを覚えてゐる〉

後藤氏は明治三十三年(一九〇〇)の生まれだから、右の「少年時分」とは明治末年から大正前期ごろを指していると思われる。その当時は、まだサンカの暮らしが容易に観察されたのである。青田老人が改正(明治維新)後になってサンカの言葉が聞かれだすのであり、それまではオーゲだったと言ったことには疑問を覚える。明治前期に、そのような言い方が民俗語彙として定着する特段の要件があったとは思えないからである。これは青田老人の思い込みではなかったか。

なお「山窩」の文字は宛て字であって、これをもとに本来の発音は「サンクヮ」であるとか、ないとかいっても意味がない。それに「窩」という漢字の正しい音は、「カ」でも「タワ」でもなく「ワ」である。

京都府の北部、由良川沿いの「オゲタ」は、第二次大戦後になっても従来と変わらない生業をつづけていた。主な稼ぎは、由良川での鮎漁であった。七月の祇園祭りには、ここから生きた鮎を京都市街へ送っていた。自転車の荷台に積んだ桶に鮎を入れて最寄りの鉄道駅まで急送するのだが、その途中で何度か谷川の清水を補給していた。祭りが終わると、由良川沿いでは鮎の値段が下がったという。彼らは、ほかに竹細工、ぞうり作り、山猟、農作業の手伝いなどもしていた。

京都府北部・由良川沿いのオゲが定住した集落。茅葺き屋根の向こうの家並みである。

その一集団は、戦後はすでに定住していた。一〇戸ばかりが狭い土地に、ひしめき合うように小屋を建てて暮らしていたのである。すなわち、オゲ系の集落である。地域では被差別部落として扱われていたため同和対策事業の対象になって、いまでは当時の面影はなく、戸数も倍くらいに増えている。

5 中部地方の「ポン」「ノアイ」

愛知県から岐阜県にかけてのあたりに、「ポン」および「ノアイ」と呼ばれる川漁系の非定住民がいたことは、研究者には古くから知られていた。柳田國男が大正九年（一九二〇）の秋、現在の愛知県新城《しんしろ》市作手《つくで》（旧作手村）を旅行した際の見聞をまとめた「ポンの行方」と題する短い報告は、その一つである。
そこに次のような一節がある。

〈海抜千五百尺の高寒な此村にも、ポンの往来する大道は幾筋か通つて居ると見える。どの山あひを越えるのか、途《みち》で遭つたと云ふ人も聞かぬが、今まで一年として来なかつた年も無く、いつの間にかちやんと来て小屋を掛け、つゝましく煙を揚げて居る。部落から稍《やや》離れた山の蔭の、樹林を隔てゝ水の静かに流れる岸などが、此徒の好んで住む地点である〉

柳田によると、作手村へ来るポンは、とくに亀類をよく捕っていたという。男たちは朝から川に入りきりで、捕ったものを売りにくるのはたいてい「子持ちの女」だったらしい。

柳田の旅から九〇年以上をへた平成二十三年夏、わたしは旧作手村とその近隣を二日間にわたって歩いてみた。この取材では、実際にポンを目撃したことがある人には会えなかったが、かつて非定住の川漁師たちが一帯を漂浪していた痕跡は、はっきりと確かめることができた。

そのうち最も具体的な話が聞けたのは、作手大和田の杉下栄一さん（大正六年＝一九一七年生まれ）であった。杉下さんはこのとき九四歳、柳田の作手村訪問の折りは三歳だったことになる。

杉下さんは次のように語っていた。

「川漁をする漂泊民というのはいた。自分らはポンスケと言っていた。川でアメ（アマゴのこと）やウナギを捕っていた。亀も捕っていたかもしれない。ポンスケは、どこかよそからやってきて、ほんの何日かいて、またどこかへ行った。自分が六歳ごろのことだが、そんな人間がこの前の川（豊川の支流、巴川）の下流に小屋を作って、ほんのいっとき住んでいたと聞いたことがある。小屋といっても田んぼの石垣に木の棒を差して、その上に筵かなんかをかぶせていたような話だった」

柳田國男はまた、明治四十四年（一九一一）の夏、岐阜、福井県へ旅行して「美濃越前往復」と題する記録を残しており、そこに次のように述べられている。

岐阜県美並町鬮本の八幡神社。かつてノアイのセブリであった。

〈ノヤという部落あり。サンカと同じく川魚を捕るを専業とする賤民なれども移住することなし。長良川の岸にも、また三条野の大池の畔《くろ》にも住み、後者はやや大なる部落なりという。ノヤは野間《のあい》かと思わる。池番として定住を許さるるか。番太なども普通に漁業は上手なり〉

平成二十四年八月、わたしが岐阜県郡上《ぐじょう》市美並《みなみ》、八幡《はちまん》両町の長良川沿いを訪ねたとき、美並町鬮本《くじもと》の昭和八年（一九三三）生まれの男性は、

「昔、川の魚を捕って村で売り歩き、ひとめぐりすると次

の村へ移っていく人たちがいて、彼らのことをポンスケとかノアイと言っていたと思う。両方とも同じ意味ではないか。自分は見たことはないが、もっと年配の人なら詳しく知っているはずだ」

と話していた。

ほかにもノアイという言葉を耳にしたことがある人はいたが、「ノヤ」と発音した住民には出会えなかった。また、ポンスケならいまも使うが、ノアイは知らないと答えた人たちもいた。どうやら、郡上市あたりではポン、ノアイの語が混在していたようである。

同市美並町（旧郡上郡美並村）のノアイについては、『美並村史　通史編下巻』（一九八四年）に、かなり詳しい言及がある。そのうち、昭和五十八年（一九八三）に当時、八八歳だった日置源太郎氏から聞いたという話を次に引用させていただく。

〈七〜八〇年前になるが、鬮本・八幡神社の拝殿で寝とまりする人たちがいた。人数は二〜三人のこともあり、子ども連れで七〜八人のこともあった。祭り（旧八月一五日）近くになると追い払われたが、祭りが終るとどこからともなく来ていて、ほとんど年中いたことを覚えている。食事どきになると、長良川の河原で煮たきしていた。近くの店へ買い物に来たり、亀の肉を売りに来たりした。亀の肉は、子どもの寝小便によく効くというので、食べさせられた覚えがある。また時には乞食をして歩くこともあった。うす汚れた着物に股引《ももひ》きばきの男のことなど、なんとなく、うすぎたない感じをもったものである。しかし、言葉使いは普通で、じゃまになったり、わるいことをするわけでもなく、「又来ているな」といった具合で、村の人達も特に咎《とが》めだてしなかったようだ。大正のはじめころまで来ていたと思うが、この人達のことを「ノアイ」と母親から聞いた（後略）〉

6　「サンカ」という言葉の分布範囲

既述のように、「サンカ」なる語は今日、本来の日常用語ではミナオシ、テンバ、ヒニン、オゲ、ポン、ノアイ……などと呼ばれていた集団にまで広げて使われている。大阪・天王寺のミカン山の住民は、普通の日本語では乞食と称するほかないはずなのに、彼らまでサンカとする人もある。これが、サンカという集団の概念を曖昧、不確かにしている理由の一つである。

それを避けるためには、それぞれの著述者が定義を与えておくべきだと思うが、そんな例はめったにない。ちなみに、わたしは「箕《み》、筬《おさ》、川漁などにかかわる無籍・非定住の職能民」としている。ただし、これでは簡単すぎるので、もっと詳しく説明しているが、長くなるので、興味をもたれた方は既刊の拙著『サンカの起源』（二〇一二年、河出書房新社）そのほかを参照していただけると幸いである。

サンカの名で呼ばれた集団の姿を知ろうとすれば、この言葉の語源と、もともとの分布範囲を調べる作業が欠かせない。前者については次章にゆずることにして、ここでは後者の問題を取り上げたい。といっても、その特定はなかなか厄介で一筋縄ではいかないのである。以下はとりあえずの結論、あるいは仮説に近いと考えてもらった方がよいかもしれない。

岡山県のかなり広い地域にサンカなる民俗語彙が存在したことは、すでに述べたことによって疑いない。ただし、実際の分布はまだら状であった可能性もあり得る。その詳細を確定することなど、いまとなってはできるものではない。これは、すべての地方についていえる。いずれにしろ、そこでサンカとは元来は無籍・非定住の川漁師のことであった。

西隣の広島県でも同様だったことが確実である。この県については、沖浦和光《かずてる》氏の『幻の漂泊民・サンカ』（二〇〇一年、文藝春秋）が紹介した文献資料で確認できる。そのうち最古のものは、安政二年（一八五五）に広島藩から村々へ示達された文書で、「サンカと唱《となう》無宿非人共《ども》近年所々数多罷在《あまたまかりあり》」で始まっている。それらからは無籍・非定住はうかがえても、川漁との関係は出てこない。しかし同氏の聞き取りによって、広島県にはサンカと呼ばれる川漁師がいたことが明らかにされている。

鳥取県の西部、日野郡日野町金持《かもち》のあたりでも、非定住の川漁師のことを「サンカ」といっていた。平成十五年四月、わたしが声をかけた昭和六年（一九三一）生まれの男性は、

「彼らは、川で捕った魚を農民に売って暮らしを立てていた。農民を『旦那さん』と呼び、たとえば食事をごちそうになるときなどでも決して屋内へは入らなかった。外に筵を敷いて、その上で食べていた」

と話していた。ただし、それは自分自身の体験ではなく、親からの伝聞であった。

鳥取、島根両県については、文献上の裏づけもある。三角寛氏も引用し、沖浦氏も確認した明治八年（一八七五）の島根県邏卒《らそつ》文書（一九四一年発行の『松江市誌』に所収）で、そこには

「山窩は雲伯石《うんぱくせき》三国辺の深山幽谷を占拠する、居所不定の無籍乞丐《ほいと》の徒である」の記述が見える。右の「雲伯石」は鳥取県の西部と島根県に当たっている。

中国地方のうち、西端の山口県のことは、わたしにははっきりしない。九州には、「サンカ」という民俗語彙は存在しなかったようである。わたしの多少の聞き取りでも耳にしたことがなく、前記、「岩窟に住む家族たち」の著者、服部英雄氏も同様であったと記している。これらの指摘に反する文字記録も、わたしは見たことがない。

右の事情は四国でも変わらない。ただ、香川県と、それに接する徳島県の一部に、非定住の川漁師を指す「サンガイ」なる言葉があった。サンカと、やや音が近いことが気になるが、語源を一つにするかどうか何ともいえない。徳島県小松島《こまつしま》市出身の歴史学者、喜田貞吉は「サンカ者名義考」（一九二〇年）の中で、

「京都あたりでサンカといふ類のものを、自分の郷国阿波などでは、オゲ或はオゲヘンドといふ」

と書き残している。ヘンドは「遍路」のことで、八十八ヵ所詣りを名分とした事実上の乞食をも指していた。

兵庫県にサンカの語があったことは既述のとおりだが、右の喜田の指摘によって京都府においても同じだったと思われる。この言葉は後述のように、元来は近畿地方の中央部で使われはじめた可能性が高い。したがって、大阪や滋賀、奈良あたりにあっても不思議ではない。しかし、わたしはそれを裏づける確かな証拠はもっていない。

問題は、この東側すなわち中部地方の西部である。鷹野弥三郎氏の『山窩の生活』（一九二四年）巻末には、読者からの手紙一〇通ほどが掲載されている。その中の福井県坂井郡浜坂村（現あわら市浜坂）に住む「汐越の松」と名乗る男性からの書信には、次のような一節が見える。

〈小生の郷里は石川福井の両県境界海岸にて、東に松林数里に及ぶ丘有之候処《これありそうろうところ》、四五或は九十の春秋二ヶ月には、今より三十年前には山窩来たり住居《すみお》り候。（中略）入浴の如き地に土を掘りて穴を出来《しゅったい》し、油紙を継ぎ合せて袋の形にしたるものを穴へ張りし如く入れ、其中へ湯を鍋より移入れ入浴なしつゝあるを見受け候。誠に珍らしく村人と共に見物致《いたし》候〉

鷹野弥三郎『山窩の生活』に紹介された伊豆半島のサンカの天幕。同行の知人の画家がスケッチしたという。

これは明治二十年（一八八七）ごろの話のようである。

男性が、その暮らしの一端を目撃したのが、研究者用語でいうサンカであったことは疑いない。男性は、彼らを同地方ではサンカと呼んでいたかのごとく記しているが、これは著者の鷹野氏の用法にならっただけの可能性もある。つまり、福井、石川県境あたりにサンカなる民俗語彙が存在した根拠とするには、なお疑問なしとしないように思える。

中部地方については、次章でもう一度、取り上げることにしたい。

関東、甲信越や東北地方には、日常用語としてのサンカなる言葉はなかったことが、ほぼ確実である。その語を知っている人は珍しくないが、みな印刷物からの知識か、そこからの受け売りだと考えて大過ない。印刷物のうちで後世にもっとも強い影響を与えたのは、三角氏が戦前に発表した大量の山窩小説であった。それらの作品群によって山窩、サンカという言葉を知った人びとは、全国的に非常に多かった。

第八章　地名に残る非定住民の歴史

1　普通民が零落したのではない

ほんの一世紀ほど前まで、いや地域によっては半世紀余り前まで、日本にはさまざまな種類の漂浪者・非定住民たちがいた。

昭和二十年代から三十年代の前半ごろにかけて、わたしが住んでいた高知市では、市内を貫流する鏡川にかかる橋で、下に小屋が作られていないところは一つもないといってよかった。大きな橋だと、一方だけで複数の小屋が建っていた。河原や河川敷に建つ小屋もあった。その住民の中には、第二次世界大戦で住む家を失った人も少なくなかったろう。

だが、そうではない人たちがいたことも確実である。野犬の捕獲を仕事にする「犬捕り」が複数いたし、「シュロ箒と、シダの茎を材料にした籠を作る者」なども含まれていた。

戦前にはハンセン病者のアジール（避難場所）があったことは、すでに触れたとおりである。彼らについて詳しいことは、拙著『サンカ社会の深層をさぐる』（二〇〇六年、現代書館）に記しておいた。

かつての漂浪者・非定住民の中で、数も多く特異な生態を維持していた集団といえば、やはりサンカであろう。彼らは普通の乞食、貧窮民、ハンセン病者などとは明白に違っていた。その生き方は親から子へ、子から孫へと代々、受け継がれていたのである。すなわち、歴史的な存在であった。そうなると当然、その起源に関心が向けられることになる。

この問題では、わたしはすでに『サンカの起源』（二〇一二年、河出書房新社）と題した著書を上梓している。そこで示した卑見は、ひとことで言えば細工系サンカの民俗をたどっていくと、朝鮮半島の被差別民にたどり着くとするものである。これは、朝鮮半島からの渡来人の一部が長い年月の経過ののちにサンカ集団になったというのではない。あくまで、サンカの生態をさかのぼっていくと、重要な部分が朝鮮半島の民俗に行き着くとしているのである。

韓国の箕。韓国には竹製とコリヤナギ製の箕があるが、写真は前者である。

両者はどこが違うのかと思われる方もいるだろうが、それを別の例で示しておきたい。一一世紀半ばごろの成立と考えられている藤原明衡《あきひら》著『新猿楽記』には、高名の「博打《ばくち》」なる男が登場する。男は、さまざまな博打に手を染め、賽の目を自由にあやつり、博打がもたらすすべての害悪をそなえている。要するに、平安時代中期には業として博打にたずさわる者がいたのである。

近代の博徒の生態をたぐっていったら、その源流の少なくとも一本に当時の「博打」が位置しているに違いない。しかし、その集団が一〇〇〇年のときを生き抜いて、血筋を今日まで伝えているといったことはあり得まい。彼らの渡世のあり方が、部分的に受け継がれただけのことである。サンカについても、ほぼ同じことがいえる、それが卑見の趣旨である。なお、それは本書で挙げてきた民俗語彙を使えばミナオシ、テンバ、ヒニンなどについての話であって、川漁系のサンカ、オゲ、ポン、ノアイなどには当てはまらない。

サンカの起源をめぐっては、諸説が提起されている。近年、新たに現れたものに前記『幻の漂泊民・サンカ』の著者、沖浦和光氏の近世末発生説がある。そこでは、サンカは幕末の飢饉などによる社会的危機を背景に、窮民が流浪化してサンカになったとされている。そうして、その語源を「山家」だとしているのである。この見解に同意できない根拠は、いくつもある。本章はそれを示すためにもうけたわけではないが、結果としてそうなってしまうだろう。

まず、彼らの一派、細工系サンカが主たる生業にしていた箕、筬の製造はきわめて高い技術を要し、山に逃げた貧窮民たちが餓死に直面しながら身につけられるようなものではない。それができるなら、もっと早くから農民たちが手を染めていたはずである。例えば箕は、種類によって差があるが、一枚で米一俵（四斗すなわち六〇キロほど）ないし一斗（一五キロほど）の値段に相当した。中層以下の農民は米を作っても自らは年に何度かしか口にできないのが普通の状態にあって、それだけの負担のもとに手に入れていたのである。当然、何とかして自製したいと考えたろう。しかし結局、それが難しかったから箕作りを業とする者から買うほかなかったのである。

戦後の昭和二十年代、箕が最後の大需要期を迎えていた当時、外部社会から箕作り系サンカの集団に入った者が少なからずいたが、きちんとした職人になれた例は稀であった。この辺のことは、すでに触れたとおりである。それは越後獅子の踊り子のような芸は、子供のころからのきびしい修練ではじめて身につくものであって、成人してからではどうにもならないことと似ている。ことに養わなければならない家族がいる者にとって、何であれ高度の技術を習得する時間を見いだすことなど、ほとんど不可能であったろう。

2　中世資料に見える「三家」とは何か

『貞観《じょうがん》政要格式目』（以下『格式目《きゃくしきもく》』と略）という書物がある。これを初めて広く世間に紹介したのは、先にも名前を出した喜田貞吉であった（「サンカ者の名義に就いて」＝雑誌『高志路』一九三九年五巻一号所収）。

喜田博士は、同書の写本が高野山宝寿院の所蔵文書中にあることを知り、原本の筆者も正確な執筆時期もわからないが、その奥書に永禄十年（一五六七）九月、「遠州相良庄西山寺《さいさんじ》住呂良宥写《うつし》畢《おわんぬ》」とあることを報告している。

一方、大阪市立大学名誉教授、牧英正氏の『差別戒名の系譜』（二〇一四年、阿吽社）によると、右『格式目』には七点の写本と、いずれも江戸時代刊行の板本（印刷本）三種が知られているという。かなり読まれていた書物であったことがわかる。

奥書が付いた写本のうち最古のものは、高野山三昧院慶息が天文八年（一五三九）に写した本である。ただし、もと名古屋大学教授だった栗田元次氏の旧蔵本は、書写がさらに古かった可能性があると牧氏は推測している。これらと内容から考えて、原本は一五〇〇年ごろまでに成立したようである。

写本の作成者が多く真言宗にかかわる僧侶だったこと、高野山に所蔵されていた写本があったこと、および内容によって原著者が真言宗の僧侶だったことは、まず間違いあるまい。

『格式目』は、「僧の官位職」と位牌の書き方を述べた僧侶向けの実用書である。喜田が「可なり附会極まる、而も妙な文」と評しているように、内容も文章も深い学識をそなえた者の筆ではないことをうかがわせる。次に本書に関連する部分を「サンカ者の名義に就いて」から引用させていただく。

〈其類例ヲ云二三家者一也。藁履《ぞうり》作リ、坪《つぼ》立テ、絃差《つるさし》等也。日本ニ而《て》ハ坂ノ者也。夫ハ者皮腐(ママ)トテ、日本京九重ニ入レハ覆面ヲスル也。是ヲ燕丹ト云也。燕丹国ノ王ニテ坐《ま》スカ、楚国ノ王ニ追出サレテ、日本播磨ノ国ヘ越テ、我ヲ王ニセヨト仰セケレバ、日本ノ人物咲《ものわらい》ニシテ突出ス間ダ、牛馬ヲ食シテ渡世ニル(ママ)間、云《かく》レ爾《いう》也。其末孫不ルレ有ラレ振舞ヲ而テ過ル(ママ)間タ、無窮ノ躰有ハ也。三ケ類例ト者《は》、渡シ守リ、山守リ、草履作リ、筆結、墨子、傾城、癩者、伯楽等、皆連寂衆ト云也。唐士トモ云。是ヲ云二非人一ト也。千駄櫃ノ輩トモ云也。如レ斯《かくのごとき》非人ノ職人法度ノ掟目ハ、延喜ノ御門ノ勅定ノ従来リ始ル矣《か》〉

この文献は長いこと、そして現在でも、資料としてほとんど利用されていないようである。理由は内容に不自然な付会が見られることと、文章が日本語に粗雑な漢文を貼り合わせたような珍妙なものだからではないか。しかし、これはとくに中世の被差別民研究のうえでは、第一級の資料だと思われる。写本には宛て字、誤記または誤写が多くて読みにくいが、いわんとすることは十分に伝わってくる。そこからうかがえるのは、これを書いた人物が当時の被差別民に対して抱いていた、はげしい賤視の感情である。

その点はともかく、『格式目』の重要性は、草履作り・坪立て・絃差し・渡し守・山守・筆結い・墨子《ぼくし》・傾城《けいせい》・癩者・伯楽《ばくろう》などを「三家者《さんかもの》」「三ケ《さんか》」と呼んでいたとしているところにある。

さらに「三家者」「三ケ」と同じ総称として・坂ノ者・皮腐・燕丹・連寂衆《れんじゃく》・唐士・非人・千駄櫃《せんだびつ》の輩を挙げている。

草履作り以下の一〇職種（癩者は職業名とはいえないが）のうち、草履作り、癩者、伯楽（馬医者、牛馬商）を除く七つが、江戸・浅草の穢多頭弾左衛門が江戸時代の中

覆面をした弓弦（ゆみづる）売り。
『七十一番職人歌合』（1500年ごろの成立）より。
弦売りは坂ノ者と深い関係があった。

期、幕府へ提出した「由緒書」に見える、いわゆる二十八座と重複している。ほかの三つも、周知のように差別とは無縁ではなかった。

総称の坂ノ者は「犬神人《いぬじにん》」「弦差《つるさ》し」「弦召《つるめそ》」などともいい、もとは京都・五条坂のあたりを拠点にしていた賤民集団であった。理由は不明ながら、京都市中では覆面をしなければならないことになっていた。「京九重ニ入レハ覆面ヲスル也」とは、それを指している。これらの呼称は一六世紀ごろには、もっと広い地域でも用いられていた。

皮腐は、多くの伝来本で「皮廥」または「皮廥」となっており、下の字に「ハウ」とか「ホウ」の仮名を振ってあるという。廥は「廟」の古字であり、廥は諸橋轍次氏の『大漢和辞典』にも出ていない。いずれにしろ、『格式目』の筆者は、これを「カワボウ」と読ませたかったのではないか。カワボウは漢字では「皮坊」と書ける言葉で、皮革系の被差別民を指す蔑称である。燕丹《えんたん》は、おそらく「穢多《えた》」の、唐士《とうじ》は「屠児《とじ》」の宛て字ではないかと思われる。連寂（連尺、連雀とも書いた）と千駄櫃は行商人のことであり、中世には賤視の対象になっていた。

要するに、三家者、三ケは何重もの意味で、中世の被差別民とかかわる言葉であったことは否定しようがないのである。もし、沖浦氏の説のように、サンカなる集団とその語が近世末に発生したのであったとしたら、一六世紀初頭ごろに存在していた「サンカ」という言葉がいったん消え、それから三〇〇年ばかりのちに同音で、ほぼ同義の語が新たにできたことになる。これは不自然な偶然というほかないのではないか。そう考えるべき理由は、まだほかにもある。順を追って取り上げていきたい。

3　サンカの語源と意味の変化

サンカという言葉の語源は、先に述べた「坂ノ者」であったと思われる。

坂ノ者は元来は「坂に住む者」の意であった。この語は一一世紀の文献に、すでに見えている。当初は主として京都・清水坂と、奈良・奈良坂のそれを指していた。彼らは「非人」とも「長吏《ちようり》」とも呼ばれ、賤視の対象になっていた。長吏は、現在でも穢多系の被差別民を意味する蔑称になっている地方が少なくない。

坂ノ者は奈良か京都あたりで発生した言葉だろうが、やがて各地へ広まっていく。例えば、滋賀県琵琶湖南岸の瀬田、大阪府南部、兵庫県の有馬温泉、高知県などに中世、坂ノ者の名で呼ばれる被差別民集団が居住していたことが資料で確認できる。そのころには傾斜地の坂とは関係がなく、あくまで集団の名になっていた。

坂ノ者は、日常語ではふつう「サカンモン」と発音されていたろう。それが語中で音の転換が起き、「サンカモン」へと変化した可能性が高い。これは卑見ではない。江戸時代初期の浄土宗の学僧、袋中《たいちゆう》が著書『泥洹之道《ないおん》』に記した説である。

喜田貞吉博士は、これを支持したうえで、語中の音の転倒は、ことに上方に例が多いと述べている。博士は、京都あたりの住民が、新《あら》たしいをアタラシイ、身体《からだ》をカダラ、茶釜《ちやがま》をチャマガ、寝転ぶをネロコブ、釣瓶《つるべ》をツブレ、蕪《かぶら》をカルバと訛って発音しているように、サカンモンがサンカモンに変化したのだとしているのである（一九二〇年「サンカ者名義考」）。

既述のように、『貞観政要格式目』には「三家者」の語が見えている。平成二十三年九月、わたしが兵庫県宍粟《しそう》市一宮町黒原で会った大正十五年（一九二六）生まれの男性は「サンカモン」の言葉を口にした。また、沖浦和光氏が『幻の漂泊民・サンカ』で紹介している明治四年（一八七一）に浜田県（現在の島根県にあった）が大蔵省へ出した文書には、「サンカモノト唱《とな》エ候《そうろう》流民」なる一文があった。サンカのことをサンカモノ、サンカモンともいっていたのである。そうして、中世の坂ノ者と近代のサンカには重要な共通点を指摘できる。つまり、双方とも差別・賤視の対象であった。そのことを考えると、袋中説＝喜田説の妥当性は否定しがたいように思われる。

ただし、中世から近世末・近代初めまでのあいだに、意味に微妙な変化が生じている。被差別民の総称から、一部の被差別民すなわち無籍・非定住の集団を指すようになってしまったのである。この変化が、まずどこで起きたのかわからない。しかし、民俗語彙としての残り具合から考えて、中国地方の中・東部ないし近畿地方の西部あたりの可能性が高いのではないか。

そこでは無籍・非定住の、主に川漁師を意味していたように思える。これが近代以降における「サンカ」なる語の本義であった。明治維新後、先に挙げた地方のどこかで、この言葉は警察の部内用語に採用される。それによって、「犯罪予備軍」といったニュアンスが付加されることになる。明治・大正のころには、その目で見れば、そう見える集団はそこら中にいて、どこの警察でも彼らを目の敵にしていたから、刑事たちの便利な隠語として全国へ広がっていく。そうして、警察まわりの新聞記者を通じて、読者つまり普通の国民も、この言葉を知ったのである。

一方、柳田國男ら研究者は、もう少し客観的にサンカを見ようとしていた。彼らはサンカを研究上の観察対象にするとともに、日常用語ではミナオシ、テンバ、ヒニン、オゲ、ポン、ノアイなどと呼んでいた類似の集団にまで広げて、この語を用いたのだった。

しかし、例えば岡山県のサンカは基本的には川魚漁を生業としていたので、関東あたりのミナオシと同一の集団ではない。本書で取り上げてきた民俗語彙でいえば、サンカ、オゲ、ポン、ノアイがほぼ一つのグループをなし、ミナオシ、テンバ、ヒニンはもう一つのグループに属するといえる。したがって、あくまでサンカという言葉を用いれば、前者は川漁系、後者は細工系のそれになる。その細工の核心をなしていたのは箕《み》と筬《おさ》であり、ほかに竹細工、シュロ箒などがあった。

4　近世以前のほかの資料

サンカについては、言及した文献類が極端にとぼしいことが知られている。これがサンカなる集団に対する理解を浅く、まちまちにしている理由の一つである。

『貞観政要格式目』の成立は中世後期、おそらく一五〇〇年前後と考えて大過あるまい。そこでは「三家者」「三ケ」の語が使われていた。その次に、この言葉が見える例は、従来は安政二年（一八五五）に広島藩から村々へ示達された「サンカと唱無宿非人共」で始まる文書しか知られていなかった。三〇〇年余りの空白があったのである。

これを、ほんのわずかながら縮める資料が、二〇一二年刊行の服部英雄氏『河原ノ者・非人・

秀吉』（山川出版社）に紹介された。『神岡町史　史料編下巻』（一九七六年）に所収の松浦武四郎『飛驒紀行』である。神岡町は岐阜県の北端、現在の飛驒市神岡町のことである。

松浦武四郎（一八一八―八八年）は現三重県松阪市小野江町生まれの旅行家・探検家で、「北海道」という地名の名づけ親として知られている。武四郎は天保六年（一八三五）、北陸から飛驒・美濃（現岐阜県）をめぐる長い旅をしているが、右の紀行は、その折りの見聞を記したものである。その年四月の条に次のようなくだりが見えている。

〈或夜《あるよ》乞食三人其堂に来り、我寝たるを見て大に憐れみ、其者等三人堂のうしろにむしろ敷泊《とま》らんと如レ図《はかるごとく》、自在（鍵）を作り、飯炊き汁・茶等までも煮て食したりけるが、此乞食は此辺にては山家《サンガ》（山窩）と云よし、総て山に斗《ばか》り寝て人家には泊らぬ法のよし、若し泊る時は其仲間にて其隣国にては決て徘徊させず、又友交りもせざると、是にて随分と貯財の者も有よしなり、至て厳法のよしなり、人ごとに一つの鍋を持居《もちおり》、其雨の降る時等は、草履《ぞうり》・草鞋《わらじ》を作り、又箕を直したりして内職す〉

これは武四郎が現在の富山県から岐阜県へ入り、神岡―飛驒高山―下呂をへて中津川へ向かう途中、下呂市街南東の、おそらく同市御厩野《みまやの》で病を得て、そこの辻堂で体を休めていたときの話である。武四郎は「村名失念せし」と述べているが、上り下り四里の峠へかかる手前であったことと、前後の行程から判断して、寝込んだのが舞台峠北麓の御厩野だったことは、まず間違いない。そこには最近まで辻堂があったが、国道257号の拡張工事のため近くの阿弥陀寺へ移築された。
その辻堂で武四郎が会った「乞食」のことを、このあたりでは「山家」と呼んでいたのである。彼らは草履・草鞋を作り、箕の修繕もしていた。また、そのうちの子供が川で一〇センチほどのウグイ三匹を釣ってきて焼き、武四郎に食わしてくれている。川漁に巧みだったことがうかがえる。彼らが、いわゆるサンカであったことは疑いあるまい。

岐阜県下呂市御厩野の舞台峠への登り口。
もちろん旧道の方である。

『神岡町史』には「山家」に「サンガ」のルビを振ってあることが気にかかるが、これは町史の編纂者が宛てられた漢字をそう読んだものではないかと思われる。かっこ内の「山窩」も編纂者による挿入の可能性が高い。その辺のいくぶんかの不確かさが、出典の記載がないことと合わせ、せっかくの資料の小さな欠点になっている。ただし、服部氏によると、武四郎が右のような旅をしたことは確認できるといい、天保六年当時、岐阜県中部の長野県寄りに「サンカ」という民俗語彙が存在したことは間違いない。すなわち、この語が『格式目』以後、文献に現れる時期を従来の安政二年（一八五五）から天保六年（一八三五）まで、二〇年さかのぼらせたことになる。

平成二十四年夏、わたしは舞台峠の南北麓で、サンカの言葉が残っていないかと思って聞き取りをしてみた。それを知っている人には会えなかったが、南麓の中津川市加子母《かしも》小郷《おごう》に住む昭和八年（一九三三）生まれの女性から興味ぶかい話を聞くことができた。それを文章体で記しておきたい。

「舞台峠には昔、大山幸作《おおやまこうさく》（聞き取り者の宛て字）というばくち打ちが家を建てて暮らしていた。その家はもうないが、以前は敷地の石垣が残っていた。幸作はそこで、ばくちを開帳していた。どんな理由かは知らないが、幸作はその家で殺されたと聞いている。幸作は江戸時代か、明治時代の人間ではないか。

幸作の屋敷跡の隣に小屋が建っていて、そこに『越前のじじい』と呼ばれる老人が住んでいた。この人は、そんなに昔の人間ではない。わたしが小学生のころ、親に連れられて舞台峠を越えて御厩野へ行く途中、旧道のわきにあった小屋も越前のじじいも見たことがある。体の小さな老人だった。この人は何かの行商をして暮らしているということだったが、何を売っていたのか聞いていない」

一方、松浦武四郎は、御厩野の辻堂で会った「山家」が三日目によそへ移るに際し、これからの旅先で自分のようなサンカに出会ったら「郡上の爺《ぐじょう》」と三日ばかり同宿したことがあると言え、と教えられたと述べている。実際、中津川市街の北西、苗木のあたりでサンカを見かけるたびに、そうしたところ親切にしてもらい、「今筆を取るも涙こぼるる斗《ばかり》なり」と書き残している。

「郡上の爺」は、御厩野でいっしょになった三人（ウグイをくれた子供がいたのだから三家族の

兵庫県姫路市の市川にいたサンカの夫婦。後藤興善『又鬼と山窩』（1940年）より。

ことであろう）の親分格であったと思われる。その近くの峠に一〇〇年余りのち、「越前のじじい」と人びとが呼んでいた非定住民らしい老人がいたことになる。「じじい」は、サンカのような集団の頭あるいは年配者を指す、この地方の方言だったのではないか。

5　地名・旧国名を名乗りにする

岐阜県中部でサンカや、峠の上の小屋に住んでいた老人が「郡上の爺」とか「越前のじじい」と地名・旧国名を冠して呼ばれていたことは、移動民の歴史を考えるうえで注意しておかねばならない事実である。前者は明らかに自称であった。後者もそれか、少なくとも仲間うちでの通称であったろう。

本書の第一章で紹介した栃木県矢板市郊外の仏沢には、「ゴウシュウ」と名乗る男性がセブっていた。これも漢字だと「江州」と書くことは、まず間違いあるまい。いうまでもなく、江州は滋賀県の旧国名だから「越前」と同趣旨の通り名になる。

非定住民が地名とくに旧国名を名乗りに用いていた例は、

すこぶる多い。既述、清水精一『大地に生きる』によると、大阪・天王寺のミカン山には「丹波」「関東」「信州」「九州」「泉州」「紀州」などがいたという。

後藤興善氏の『又鬼と山窩』には、「播州のサンカから聞いた話」が載っている。そこでは、「私の親の所へよく寄つて来てゐたケンシ（彼らは仲間のことを、こう言っていたという＝引用者）もぎようさんありました。呼び名もネス（部外の人間のこと）などと大分ちがひまつせ。ほんまの名なんどあるな、あらしまへなんだやろ」の言葉につづいて、次のような彼らの通称が列挙されている。

「瀬戸のおぢいさん」「カンチ明石」「クサシの摂州」「大備前」「小備前」「床屋備前」「神東のショウケン」「イノウ」「タケトラ」「馬ドラ」「小豆島のハツ」「ヨウケン」「カタギリ大阪」「アバノ金之助」。これにも摂州や備前の旧国名が含まれている。

鷹野弥三郎『山窩の生活』にも、「茨城寅」「武州の善」の名が見えている。

彼らのような非定住民・移動生活者が地名、とりわけ旧国名を仮の名乗りにすることは、中世以来の伝統であった。次は網野善彦『中世の非人と遊女』（一九九四年、明石書店）所収「鎌倉時代の非人」の項からの引用である。

〈また（鎌倉時代の）非人たちは「法師原《ほっしばら》」などといわれ、みな僧形《そうぎょう》であり、播磨法師・河内法師・因幡《いなば》法師などのように国名を名乗る人が多いが、この名乗りは非人集団内部での地位と、なんらかの関わりがあるものと思われる〉

ハンセン病者や乞食は、その非人集団の支配下にあって、非定住の生活者であった。
右に見える「僧形」も、サンカ集団などに近代まで受け継がれた民俗の一つであった。『又鬼と山窩』は、その辺についても言及している。
「彼等（サンカ）は不逞なる無神論者であるが、宗教人の姿で旅することも多い。之は札所を巡り、諸国の霊場に詣でて袖乞ひし、人の情にすがつて漂泊するための方便だといふ」（五ページ）
「山窩は時に巡礼姿で旅をし、子安の地蔵様などを背負うて行乞しつゝ歩くが、笈摺《おいずり》には必ず釣針や釣糸を蔵してゐる。川原で巡礼姿の男が、鰻の串焼をしてゐるのを見たら、サンカと断じて間違ひはない」（二二ページ）
『東京日日新聞』（現在の『毎日新聞』）栃木県版に、昭和八年（一九三三）八月八日付け紙面から五日間にわたって、「山窩を訪ねて」と題した記事が連載された。これは同紙の記者が、いまのJR宇都宮駅の東方一・五キロから二キロほどのところに点在していた非定住民のセブリ三ヵ所を訪れて書いたルポルタージュである。
　そこの住民の中には「渡辺法華《ほっけ》」「山伏」「行者」の通称の者たちがいた。法華と山伏は親分であったという。いずれの名前も宗教者をうかがわせるが、これは彼らが「宗教人の姿」で過ごすことが多かったか、何らかの宗教行為をたつきの助けにしていたからではなかったか。
　いずれであれ、「僧形で国名を名乗」る中世非人の習俗は、何百年かの時を隔てて近代の漂泊民までつづいていたと思われる。これも、近世末の貧窮民が山へ逃れてサンカ集団が形成されたとする指摘に疑問を抱かせる事実の一つであろう。

6　サンカ屋敷とミツクリ屋敷

『長宗我部地検帳』は一六世紀末に、いわゆる「太閤検地」の一環として土佐国で実施された土地調査の記録である。土佐国の分は、ほぼ完全に現存しており、高知県立図書館から一九巻に分けて刊行されている。

右『地検帳』の長岡郡江村郷に「サンカヤシキ」、同郡廿枝郷《はたえだごう》に「ミツクリヤシキ」の地名が記されている。長岡郡は県の中央部から、やや東寄りに位置し、江村郷は現在の南国市岡豊《おこう》町江村に、廿枝郷は同市廿枝に当たる。

ミツクリヤシキが、箕作りを業とする職能民の居住地によって付いた地名であることは疑問の余地がない。一般には単に「箕作」となっていることが多く、この地名は全国的に広く分布する。のちに同種事例と合わせて、詳しく述べることにしたい。

ここで、まず取り上げたいのはサンカヤシキである。それが載っているのは、長岡郡の部の下巻四五ページである。記載は次のようになっている。

「サンカヤシキ　一、壱反四十代　出《で》壱反十八代四分勺　上《じょう》　同　主作　桑名三郎兵衛給」

「、」は所の略で、一所《いっしょ》は一筆を意味する。地目の記載がないので、水田であったことがわかる。一反は三〇〇分《ぶ》だが、六尺三寸竿を用いていたので、今日の三〇〇坪よりいくぶん広い。一代は六分、すなわち五〇代で一反になる。当時の土佐の検地は何らかの原簿にもとづいて行われており、「出」とは、それ以後に拡張・付加された面積のことである。「上」は田んぼの場合、「上田《じょうでん》」を指す。「同」は、これより前に出てくる中島村と「同じ」という意味である。しかし、これらのことは当面の問題とは直接の関係はない。

要するに、長岡郡江村郷内に「サンカヤシキ」の小地名があり、そこは検地当時、隣の中島村に住む桑名三郎兵衛の給地であって、三郎兵衛が耕作していたのである。これが誤記、誤写でないとすれば、そこにはもとサンカの家があったことになる可能性が高い。同地検帳は誤記の少ない資料だが、わたしが気づいたのはこの一例だけであり、その点ではいささか心もとない。また、資料の性格上、ここに見える「サンカ」の具体像が全く不明なのも欠点だといえる。それを承知のうえで、以下に多少の分析を加えてみたい。

中世の箕作り。
『三十二番職人歌合』（1493年ごろの成立）より。

サンカは被差別民、漂泊民に対して使われていた言葉なのに、その居住地を「屋敷」と呼んでいることに不審を抱かれる向きがあるかもしれない。しかし、これについては何らの問題もない。『長宗我部地検帳』には、「坂ノ者ヤシキ」「シハヤシキ」「犬カミヤシキ」「寺使《てらつかい》屋敷」「佾《いち》ヤシキ」「土器《かわらけ》ヤシキ」など被差別民、最底辺の細民の住まいを屋敷と記している例は、いくらでもある。

「下《げ》屋敷　本《もと》コジキ居《い》候故《ゆえ》、大帳ニハなし」といった一節さえ見える。等級では「下」であるが、乞食の住まいも屋敷なのである。ちなみに、「シハ」は「芝《しば》ノ者」の略称で坂ノ者と同義、「犬カミ（神）」は犬神筋《いぬがみすじ》と呼ばれた一種の被差別民である。「寺使」は寺院に隷属し、「俏」は最下級の神職、「土器」は文字どおり、その方面の職能民で、いずれも程度の差こそあれ賤視の対象になっていた。

話をサンカヤシキにもどすと、南国市街の北方に坂折山《さかおり》（七六メートル）という東西に細長い丘がある。この南側が同市野中で、ここには高知県では最大規模の被差別部落（以下、部落と略）がある。野中は江戸時代になって開発が進んだ新田地帯であり、地検帳が作られた一六世紀末には廿枝郷に属していた。当時、廿枝郷の坂折すなわち坂折山周辺には一一戸、その北隣の北野（現在この地称はない）に二一戸の坂ノ者が住んでいた。つまり、土佐国最大の坂ノ者の集住地であった。

坂ノ者は既述のように、中世における代表的な賤民呼称の一つだが、それは京都・清水坂か奈良・奈良坂の非人集団に発した言葉である。したがって、この呼称の分布範囲は畿内・近国に偏っていた。ところが、そこから遠く離れた土佐の地検帳には、この集団名が頻出する。その理由について、わたしは応仁の乱が起きた翌応仁二年（一四六八）、京都から荘園があった土佐の幡多荘へ亡命してきた五摂家の一つ、一条氏の影響が大きかったと考えているが、その辺のことは当面の話とのかかわりが薄いので言及はひかえておきたい。

右では、坂ノ者の居住地と、現在の部落（江戸期の穢多村）とが、ほぼ重なり合っている。このような例は、ほかにも多く、高知県全体のおよそ七割に当てはまる。とくに大規模部落については、例外がほとんどない。すなわち、坂ノ者が江戸時代、法制上の賤民の中核に位置づけられたのである。

既述のように、ミツクリヤシキは、その廿枝郷内に位置し、坂ノ者二一戸が住んでいた北野に近かった。後年に至るまで、とくに西日本では、箕の製造・販売は部落住民の仕事とされていた。その事実から考えて、廿枝のミツクリヤシキと坂ノ者とは何らかのつながりがあった可能性が高いと思われる。

一方、サンカヤシキがあった江村郷は、その廿枝郷の西側に接している。語を替えていえば、サンカヤシキ、ミツクリヤシキ、坂ノ者の集住地は、至近距離にあった。これは偶然ではないように思える。あくまで地検帳の「サンカヤシキ」が誤記でないとしての話だが、中世末か戦国時代ごろ、土佐にはすでに「サンカ」なる言葉があったのではないか。もし、そうだとするなら、それは坂ノ者の転訛語か、やや性格を異にする被差別民を指していたかもしれない。

7　箕作谷の箕作り職人

「ミツクリ」という地名は、東北から九州まで全国的に分布している。文字は箕作が半分ほどを占めるが、箕造、御作、見作、ミツクリなどもある。その数は、わたしがこれまでに気づいただけで二十数ヵ所、高知県にかぎっても七ヵ所もある。高知県が目立っているように見えるのは、わたしがここの出身で県内を歩く機会と資料に目を通すことが、ほかより多いためにすぎない。

静岡県下田市箕作は右の例の一つで、ここでは第二次大戦後まで箕の製造・販売が重要な産業になっていた。その事実と地名とから考えて、ここの地名は箕作りを生業とする集団の定住によって付いた可能性がきわめて高い。これほどはっきりしていなくても、同様の例はほかにも少なくない。その一端については、拙著『漂泊の民サンカを追って』(二〇〇五年、現代書館)に記しておいた。

高知県土佐清水市以布利《いぶり》は県の南西端、足摺岬の東側の付け根に位置する、もとは漁業を主とした小さな町である。ここにもミツクリ地名があり、角川書店『日本地名大辞典』高知県の部の巻末掲載の「小字一覧」では「箕作」として見えている。ところが、この北隣、同市大岐《おおき》にも「ミツクリ」がある。

二つは実は同じ場所を指している。ちょうど以布利と大岐の境界に当たるため、両方の小字に採用されたのである。似たような例は、境界の地名では珍しくない。以下では箕作と表記していきたい。

箕作は国道321号の峠付近の地名である。峠といっても、たいしたものではなく、標高はわずか二五メートルほどにすぎない。南北どちらから登っていっても、直線に近いゆるやかな登りのあと、またゆるやかに下っていくのである。もとは県道であって、もう少し蛇行していた。

峠のあたりに、いま市立幡陽《ばんよう》小学校が建っている。小学校のすぐ南側が箕作であり、そこを西から東へ向かって流れる小渓流が箕作谷である。国道西側の山地だと、箕作山になる。これらの地名の成立は非常に古い。

土佐国に伝存していた中世文書の資料集『土佐国蠧簡《とかん》集』(一七二五年ごろの成立、奥宮正明

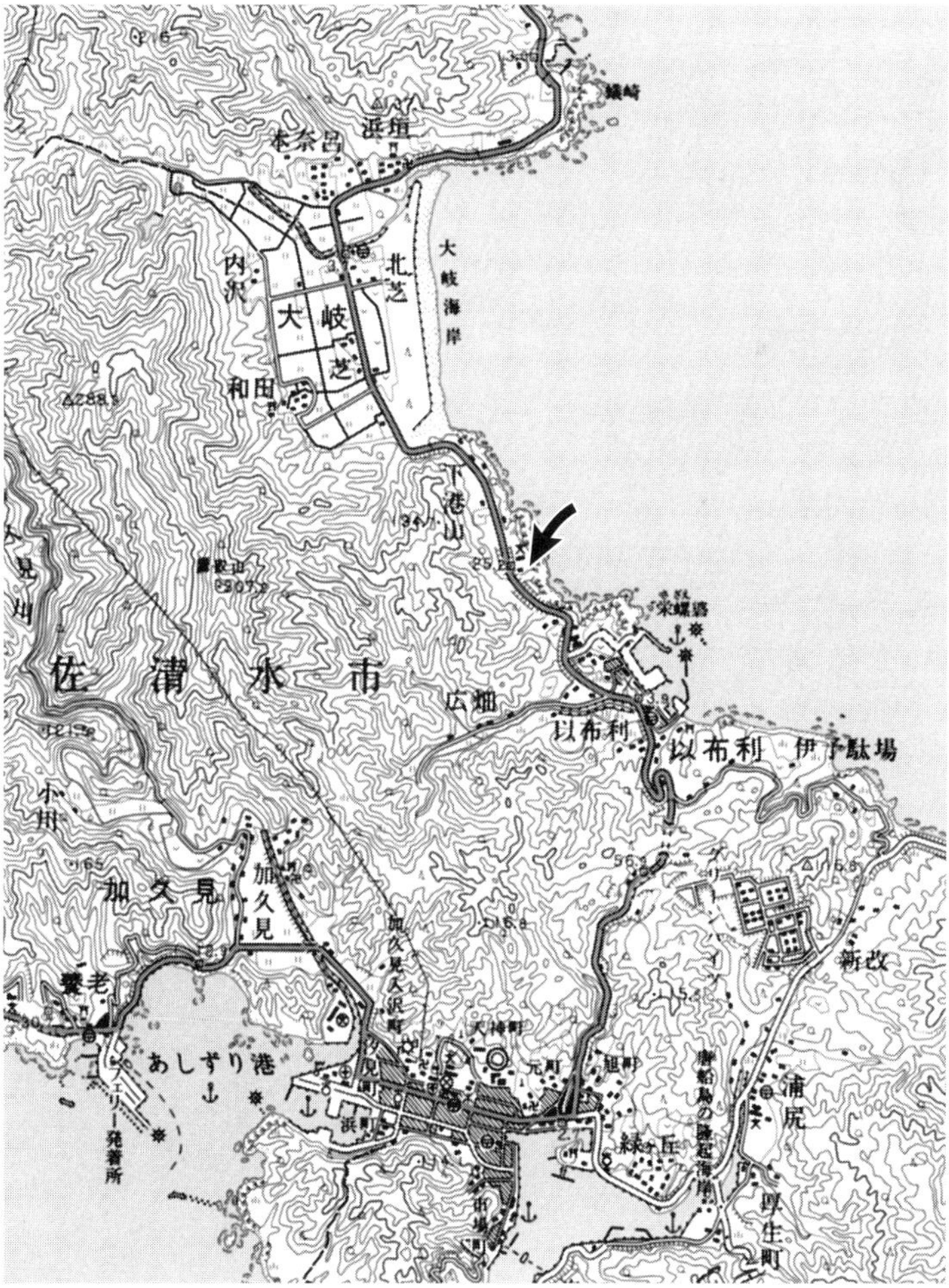

土佐清水市以布利・大岐付近の地形図。５万分の１図「土佐清水」より。
矢印の先あたりが箕作谷になる。

編）所収の正嘉二年（一二五八）十月に発給された一条実経の「前摂政家政所下文《まどころくだしぶみ》」に「浦国名壱町　字伊布里　北限《きたかぎる》　箕作谷」とある。たまたま残った、この鎌倉時代の資料によって、伊布里（以布利）の北端に一三世紀半ば、すでに「箕作谷」の地名があったことがわかる。成立がこれほど古くまでさかのぼれるミツクリ地名を、わたしはほかには確認していない。ちなみに、先に挙げた静岡県下田市箕作の資料上の初出は、これより三〇〇年ほどのちの戦国時代である。

ともあれ、いまから八〇〇年近くも前、以布利と大岐の境にミツクリの地名ができていた。そうして興味ぶかいことに、ここには二〇世紀になっても箕作りを業とする一家が粗末な小屋を建てて住んでいたのである。

峠をはさんだ一キロほどのあいだには、昔は普通の民家は一軒もなかった。平成十八年、わたしが何度かここを訪ねた当時でも、以布利からの移住者の家が峠近くに一軒あるきりであった。峠南麓の以布利字上駄場《かみだば》の民宿経営、畠中稔博さん（昭和六年＝一九三一年生まれ）によると、箕作谷には地蔵谷の通称をもつ、ささやかな支流があり、畠中さんが知っている人が二人も、そこで首を吊って自殺したという。箕作あたりは、そんな「陰惨な感じ」のところで、いつとも知れないころからの辺界だったようである。

畠中さんは昭和六年の一月生まれだから、同十二年に幡陽小学校へ入学した。学校の南隣の旧道わきに、草葺きの小屋一軒とトタン葺きの小屋一軒が並んで建っていた。二軒は地蔵谷と箕作谷との合流点の数十メートル上《かみ》で、地蔵谷に面していた。

草葺きの小屋には、箕職人が暮らしていた。四国の箕は、すべて竹のみを用いて作る竹箕であり、したがって竹細工の一種である。当然、職人は籠や笊も作っていた。職人には子供が少なくとも二人あった。もっと多かったかもしれないが、畠中さんに確認できたのは兄と妹だけである。母親を見た記憶はない。妹は畠中さんの下の姉と小学校の同級生だったから、大正十四年（一九二五）の生まれだったと思われる。

兄の方は、実は小屋にいるところを目にしたことはなかった。ただ、昭和二十年代に三〇歳くらいの男性が畠中さん宅へやってきて、峠にいた箕職人の息子のHだと名乗ったことがあった。畠中さんは、

「男性の妹と、うちの姉が同級だったりした関係で、なつかしかったのではないか。男性は体格がよくて、男前だった。職人の息子さんは、こんなに立派な人だったのかと思った」

と話していた。

トタン葺きの小屋には、K姓の一家が住んでいた。夫婦に子供が三人いた。どんな事情からか夫婦で四国巡礼中、畠中さん宅の隣に住みつき、のち峠へ移った。徳島県の出身らしく、以布利で暮らしているあいだに三人の子をもうけたという。

二つの小屋があったのは昭和十年代の半ばごろ、すなわち一九四〇年前後までであった。

8　中世以来のアジールだったか

土佐清水市以布利・大岐境の箕作谷の一帯は、何重もの意味で典型的な辺界あるいはアジール（避難場所）であった。それは少なくとも中世初期以来の一貫した、この土地の性格だったよう

に思える。

それは元来は、地形によっていたろう。そこは峠であり、村境であった。どちらも神の世界と、人間界の境に当たっていた。古代から、そういうところには魔物が棲むと考えられていた。その侵入を防ぐため、道祖神などさまざまな道の神が祀られたのである。のちにしばしば被差別民が住んだのは、明確な所有者がいなかったからでもあるが、また彼らが常人をしのぐ呪的《じゅてき》能力をもつとみなされていたせいでもあった。

箕作谷に初めて箕作り職人が居付いたのは、一三世紀の半ばよりも前のことである。箕は実用品でなくなった今日でも、なお各地で呪具として盛んに用いられている。例えば正月の餅を箕に入れて神棚にそなえる習俗は、至るところに残っている。その製造者が特別の能力をそなえているとの信仰は、いつとも知れないほど起源が古いに違いない。この辺については、拙著『サンカの起源』に延々と記してあるので、再述はひかえておきたい。

前記、一六世紀末成立の『長宗我部地検帳』の「幡多郡大岐之村」の項によると、「ミツクリ」には「下々久荒《げげひさしくあれ》」の水田「三十代」（一八〇坪余り）があった。さらに、これに隣接する「中クホ（窪）ノ北」には「坂ノ者」の「下《げ》ヤシキ」と、その「下畠《げばた》」があったことが記されている。同所には「ダンゲリ」の「下ヤシキ」もあったが、ダンゲリなる語が何を指すのかわからない。いずれであれ、この付近が一六世紀末ごろにあっても、辺界性の強い特別の場所であったことは間違いあるまい。

大岐の北部には、ごく小規模な被差別部落がある。右「中窪北」の坂ノ者との系譜的つながりが想定されている。現在で二〇戸ほどのそのＨ部落の主たる産業は、近年まで竹細工であった。もちろん箕も作っていた。平成十八年、わたしが話を聞いた大正十五年（一九二六）生まれの男性の祖父も、大正六年生まれの女性の父も箕を作っていた。

女性は行商人が売りにきた竹箕二枚を持っており、うち一枚はＰＰバンドでとても上手に修繕されていた。わたしは、だれが直したんですかと訊いた。

「わたしですよ。子供のときから父親の仕事を見ていたし、手伝ったこともありましたからね」

女性は、そう答えたのだった。

女性は土佐清水市のＮ地区から、そこへ嫁に来た。父親は隣の宿毛《すくも》市Ｙ地区から、Ｎへ養子に来たという。三つとも部落の所在地である。すなわち、部落住民どうしの縁組みの例になる。

峠の草葺きの小屋にいた箕作り職人の娘（既述のように、おそらく大正十四年の生まれ）は、大岐のＨ地区の男性と結婚している。これも右の例に近いといえるだろう。

小屋のあったあたりから東の海（土佐湾＝太平洋）まで、一〇〇メートルとは離れていない。その近辺の磯には、海蝕洞窟がたくさんある。前出、畠中稔博さんによれば、ハンセン病者や結核を患った遍路は、よくそこで寝起きしていたという。また前述したように、小屋の近くで、畠中さんの知ってい

高知市土佐山の村はずれに祀られた大わらじ。魔物の侵入を防ぐまじないである。

る人が二人も自ら命を絶っている。

　要するに、箕作谷の一帯は、定住民たちの世界とは異質の、アジールと呼ぶのがふさわしい境域であった。それは遅くとも鎌倉時代に始まるが、おそらくは平安時代か、それ以前に淵源をもつのではないか。そうして、二〇世紀の半ばごろまで、ずっとそうでありつづけた可能性が高い。そのような場所は、ほかにも少なくなかったように思える。それらが日本から一斉に姿を消したのは、この半世紀か、せいぜい一世紀のあいだのことであった。

第九章　「院内」：寺院の境内にもアジールがあった

1　「院内」という言葉について

手もとの、わたしがふだん使いつけている『広辞苑』は第三版で、もう半世紀も前の一九七三年の出版である。表紙などぼろぼろになってしまい、そこをガムテープで補強している。その版の「いんない（院内）」の項には次のような説明が見える。

〈①院の内部。寺院や議院の内部。②鎌倉時代、寺院の内に住んで汚物の掃除などを事とした賤民〉

本章を執筆するに当たり、この表現が、その後の版でどうなっているのかと、ふと気になって図書館へ行き書架に並んでいた第七版（二〇一八年）のページをめくってみたところ、右の②の部分が消えていた。そのような意味での「院内」は、もはや死語にひとしくなっていると考えられ、この半世紀のあいだのいつのころかに削除されたのであろう。

一方、小学館の『日本国語大辞典』の第二版（二〇〇四年）では、『広辞苑』の②に該当するところは次のようになっている。

〈祈禱《きとう》また、遊芸を業とした人々。土御門《つちみかど》家や興福寺その他の社寺に属するものがあったところからいう。近畿から中部地方に広く分布し、地名に残るものも多い〉

おそらく一定の字数におさめる必要からであろう、この説明には「院内」の語源についての言及が十分ではない。この言葉は、かつての『広辞苑』が記していたように、もともとは寺院の内に住む者を指していた。それが語源である。

といえば、だったら僧侶がまずそれに当たるのではないかと、だれしもが考えるに違いない。しかし、「院内」の語に僧侶が含まれることは決してなかった。それはあくまで、寺の境内にセブって特別のなりわいに従う半定住民、被差別民、無戸籍者などを意味していたのである。

この事実は、ある時代までの寺院がアジールの役割をになう場合があったことを示している。あるいは、寺院がもっていたこのような一面こそ、ヨーロッパ諸語のアジールのニュアンスにもっとも近いのかもしれない。

平安時代ごろまでは、もっぱら「鎮護国家」を活動の主目的にしていた日本の仏教が名もなき庶民、社会的弱者へも目を向けるようになったのは、いわゆる鎌倉新仏教が登場する鎌倉時代（一一九二―一三三三年）になってからだったようである。浄土真宗の親鸞（一一七三―一二六二年）や律宗の忍性《にんしょう》（一二一七―一三〇三年）、日蓮宗の日蓮（一二二二―八二年）、時宗の一遍《いっぺん》（一二三九―八九年）らが進んで底辺の民衆に近づいていったことは、よく知られている。忍性などはハンセン病者に親しく接していたためか、自らも、その病にかかっていた。残された木造の顔には癩者の特徴が、はっきりと残されている。『広辞苑』の「院内」②の説明が、まず「鎌倉時代」と限定した言い方になっているのは、そのあたりと関係しているのではないか。

しかし、院内と呼ばれる被差別民がいたのは、何も鎌倉時代にかぎったことではなかった。兵庫県淡路島の江戸時代の地誌『淡路草』（一八二五年成立）には、

〈農家の古諷《こふう》に「三条の者は脇差《わきざし》やさせど、あれは院内門《かど》こじき」〉

なる一節が見えている。

三条とは、淡路人形芝居の発祥地、現在の南あわじ市市三條《いちさんじょう》のことであり、「三条の者」は、ここでは人形まわしで生計を立てていた人びとを指している。彼らは、出かける折り、まるで武士並みに腰に小刀《しょうとう》を差していたが、その実質は「院内」「門こじき」と変わることがないと、農民たちから風刺（諷刺）されていたというのである。

人形芝居を業とする集団は、以前は世界中どこででも差別・賤視の対象になっていた。人形は「ひとがた」の称があるように、人間の代わりだとみなされており、それを自在にあやつることは、人間そのものを自由にすることと変わらなかった。それは元来は神にのみ許された行為だが、

人形まわしはそれを代行していることになる。すなわち、呪的能力者だと考えられていた。

そのような者たちは、時代が下るとともに被差別民へ零落していくのが、洋の東西を問わない流れであった。ヨーロッパで死刑執行人が、もっとも遅くまで被差別民の扱いを受けていたのも、人の命を奪うことを役目にしていたからである。この辺のことは、もっと詳しく記述しないと理解しにくいと思う。もし、興味をおもちの方がいたら、拙著『猿まわし　被差別の民俗学』（二〇一三年、河出書房新社）をご覧いただくと幸いである。

つい前置きが長くなってしまったが、淡路島でも人形操りたちは、ひそかな差別の対象たるをまぬかれず、農民は「院内」「門こじき」と同視していたことがわかる。ついでながら、門こじきは民家の戸口に立って金銭、米飯を乞う者のことであり、ここでの院内は現実に寺院の内に住んでいるかどうかにかかわりなく、それと同種の暮らし方をしていた人びとを指している。つまり、「院内」は近世になっても被差別民の呼称の一つとして使われていたのである。

兵庫県南あわじ市市三條の百太夫社の内部。中央に祀られている百太夫は、各地で人形遣いの神とされていた。

2　山形市・極楽寺境内にあったイタカ町のこと

ＪＲ山形駅から北東へ二キロたらずの住宅街、山形市六日町の一角に、極楽寺という浄土宗の寺院がある。文禄元年（一五九二）の開山で、寺としてはとくに古くも新しくもない。

その境内にかつて存在していた「いたか町」は、そう呼ばれていたわけではないが、近世における院内の典型例といってよいだろう。住民は元禄十年（一六九七）で二四軒、一三四人であった。

『部落の歴史　東日本篇』（一九八三年、部落問題研究所）所収「東北」の項（成沢栄寿氏執筆）が引用する明和三年（一七六六）ごろに書かれた『山形風流松の木枕』には次のような一節が見える。

〈この《（ママ）》（極楽寺＝引用者）門外皆穢多下《えたか》町。是《この》町昔ハ家数廿軒アリ。御年貢地無役。恵比須社人四郎太夫、西宮太神宮有リ。稲荷社和泉方ナリ。猿引ナリ。今ハ方々へ離散シテ多クハナシ〉

この文章には理解しにくいところがあるかもしれないので、多少の補足をしておきたい。

まず、町の名になっていたイタカ（右の文献では「穢多下」と表記されている）とは、中近世の史料にときおり現れる言葉で、一種の下級宗教者を指していた。例えば、一五〇〇年ごろに成立した『七十一番職人歌合《うたあわせ》』の三十六番では、「いたか」は「穢多」と組合わせられており、添えられた絵には、饅頭笠《まんじゅうがさ》に覆面をし、木の卒塔婆《そとば》を売る仏僧らしき姿で描かれている。二首の歌の一首には、

〈文字はよし　見えも見えずも　夜めくる　いたかの経《きょう》の　月のそら読《よみ》〉

とあり、文字の読み書きができなかったことを示している。

これは絵の詞書《ことばが》きから判断して、京都・鴨川にかかる五条橋のほとりにいたイタカであることがわかるが、江戸時代の東北地方南部のイタカは、飴の販売と夷札《えびすふだ》の配札を主な生業とすることが多かった。後者は各町村の家々をまわって、エビスさんの絵像をくばり、対価にささやかな施しを受けていた。これも結局は、巷《ちまた》の下級宗教者だったといえる。イタカが、いまの山形市あたりでも、きびしい蔑視の対象になっていたことは「穢多下」の当て字によっても明らかであろう。

　イタカは、死人の口寄せなどをして生活費を得ていたイチコや、近年まで東北地方に多くいた盲目の女性

『七十一番職人歌合』に見える「いたか」（『群書類従』版より）。

宗教者イタコと同語源の言葉である。

極楽寺そばのイタカ町の住民は、「御年貢地無役」であった。この文言には意味のとりがたいところがあるが、おそらく拝領地はなく、それに対する役負担（税）もなかったということではないか。

次に出てくる「四郎太夫」は、人形まわしを業にしていたことが確実である。彼らはしばしば、現兵庫県西宮市の西宮神社（えべっさん＝エビスさん）の社人を称し、その移住先に同神社の祠《ほこら》を祀っていた。六日町にも「西宮太神宮」という、たいそうな名の、しかし実際はささやかな社殿を構えていたのであろう。それは今日、跡形もなくなっているようである。

これにつづく「稲荷社和泉方」も、いまひとつはっきりしない表現だが、ほかに稲荷神社があって、これは和泉を名乗る者の氏神ないし屋敷神を指しているらしい。和泉氏は猿引《さるひき》（猿まわし）だったと明記されている。当時の猿まわしは、のちの時代と違って、もっぱら牛馬の祈禱を職掌としていた。牛馬舎の前で猿を舞わせて、その健康を祈るとともに、病気の治療に当たっていたのである。

つまり、極楽寺門外のイタカ町には、少なくとも人形操り、猿まわしと二種類の芸能系賤民が住んでいたことになる。もっと別の稼業の被差別民も、いた可能性が高いと思う。とにかく、この町の居住者が、『日本国語大辞典』の説明に見える「祈禱また、遊芸を業とした人々」によくはてはまっていたことは間違いない。

イタカ町があったのは、本堂の北西一〇〇メートルばかり、参道の入り口近くだったようである。そこは『山形風流松の木枕』が記すように「門外」ともいえるが、寺の所有地であったろう。住民は、「汚物の掃除」など寺の雑用に従う代わりに、居住を許されていたと思われる。

彼らにもっとも普通の呼称は「院内」であったが、「寺中《じちゅう》」とか「寺家《じけ》」と呼ばれることもあった。院内と同じように、こちらも折りおり地名になって残っている。

なお、全国でたぶんもっともよく知られている院内地名である秋田県湯沢市の院内（現今の住居表示では院内銀山町）は、アイヌ語に由来するらしく、右に述べた院内とは何らの関係もない。

次節からは、二〇世紀になっても存在していた院内の名で呼べる人びとの話を取上げることにしたい。

3　筑波山西方の通称「八町《はっちょう》観音」

茨城県の南西部は広大な関東平野の一角に位置して、山らしい山がほとんどない。筑波山（八七七メートル）は、そのべったりした平野の北東端に、いきなりそびえ立っており、だから実際の標高よりずっと高く見える。

茨城県結城《ゆうき》郡八千代町八町は、山頂から西へ二〇キロたらずの田園地帯に位置する小さな集落である。現在は十数戸だろうが、すでに無住になった家が一、二あるらしい。もとは、おそらく全戸が農業で生計を立てていたと思われ、どの家も敷地が広いのは当然だとして、建物も大きな構えが多い。

村の中に、真言宗豊山《ぶざん》派の新長谷寺《しんはせでら》がある。貞永元年（一二三二）、下総結城氏の初代、結城朝光《ともみつ》の創建になる。一四世紀半ばに作られた木造の十一面観音を本尊とするところから、普通は「八町観音」の名で呼ばれている。

その境内には、わずか二戸ながら、「院内」と称しうる人びとが大正時代の初めごろまで住んでいた。うち一戸は、筬《おさ》の製造を稼業とする職業者すなわちオサカキであった。彼らについては、前章までにときおり取上げており、第二章7節には筬の写真も掲げておいた（五九ページ）。

既述のように、わたしはサンカとは、

「箕《み》、筬、川漁などにかかわる無籍・非定住の職能民」

だと定義している。

茨城県八千代町の「八町観音」新長谷寺。

このうち、箕作り系は、箕という農具が昭和三十年代の半ば（一九六〇年前後）ごろまで農家の必需品として使いつづけられていたため、かなり遅くまでもともとの仕事で生活している者が少なくなかった。だから、わたしが聞取りを始めた二十数年前には健在だった人たちがいくらでもいて、直接に話を聞くことができたのである。

これに対して、筬掻《おさか》き系と川漁系は一世代（ここでは三〇年としておく）ばかりも早く姿を消していたので、彼ら本来の暮らしを経験した人には結局、全く会えていない。すでに、みな鬼籍に入られていたのである。それゆえ、生々しい情報に接する機会はなかったことになる。

そんな中で、八町観音のオサカキについては、肉声はやはり聞けていないものの、どのような人生を送り、その後どうなったのかを、やや具体的に知ることができる。それが可能になった第一の理由は、子孫の男性の一人から、わたしのもとへ手紙が寄せられたためである。

本書で紹介しているような、広い意味での漂泊民について、わたしはこれまでに一〇点近い小著を上梓している。それらに目を通された方々の中から、ご自分の体験や見聞を連絡していただくことがたまにあり、右もその一つであった。ただ、ほかの場合と違っていたのは、その男性が自らの一族のことを語っているところである。

以下に記すことは、男性の情報と、それにもとづいてわたしが始めた裏付け取材および、わたしがこれまでつづけてきた主としてフィールドでの聞取りによっている。

男性は昭和三十六年（一九六一）の生まれであり、手紙をいただいたのは平成二十年（二〇〇八）末のことであった。男性は、わたしの家からそう遠くない町に住んでおり、当然、手紙を受け取ってすぐ面談もしているが、いきなりその話に入っても、細部にわたりすぎて理解しにくくなると思うので、まず明治初めの八町村（現在の八千代町八町）の「戸籍表」を取上げることにしたい。

4 「寺地《じち》借地居住　実父無籍」

わが国で初めて近代的な戸籍制度が発足したのは、明治五年（一八七二）のことである。

この年が十干十二支《じっかん》（えと）で壬申（みずのえさる）に当たっていたことから、壬申戸籍《じんしん》と呼ばれている。これに関連する年月日を次に記してみる。

- 明治四年四月四日　戸籍法布告
- 同年八月二十八日　賤称廃止令（穢多、非人などの呼称を廃止し、身分、職業とも平民同様とするとの命令が太政官《だじょうかん》から布達された。これによって、わが国では法制上の賤民は存在しないことになった）
- 同五年二月一日　戸籍法実施
- 同六年三月　戸籍の編成を完了

当時、およそ三三〇〇万人といわれた日本人全員の戸籍が法律の布告から、わずか二年で編成を終えたのは、江戸時代の宗門人別改帳《あらため》（以下、人別帳と略す）が戸籍の役割を十分に果たせるほど整備されていたためである。つまり、のちの国勢調査のようなことをする必要はなく、人別帳からの書写ですんだといってよかった。

この新戸籍には、すでに廃止されていたはずの賤民身分を何らかの形で示すような書き込みをしている町村もあった。「新平民」の記載は、その代表例の一つである。

もし、壬申戸籍や、それにもとづいて作られたのちの時代の戸籍簿をだれでも自由に見られるとしたら（実際、半世紀ほど前まではそうであった）、旧穢多、非人などを先祖にもつ人びとの人権を著しく棄損することになりかねない。それで、法務省は昭和四十三年（一九六八）、閲覧を禁止する民事局長名の通達を出している。現在、壬申戸籍簿は厳重に梱包のうえ保管されていて、捜査機関や管理している役所の職員でも閲覧は困難になった。

ところが、わたしは十数年前、現八千代町八町の実質上の壬申戸籍表を見ることができた。それは正確には戸籍簿そのものではなく、その控えか作成に用いた資料のようである。それが、村の有力農民が一括して、ある公的機関に寄贈した膨大な地方文書《じかたもんじょ》類の中に含まれていたのである。戸籍の作成時、すなわち明治五年ごろ、八町村には「戸籍筆頭者」が、ちょうど一〇人いた。うち八人は農民で、その姓は今日の住民のそれと一致しており、いつとも知れないころから、ここで暮らしてきた居住者であると思われる。

戸籍表の九番目の職業は「商」となっており、一〇番目は何も記載されていない。いま、前者の姓をS、後者をTとしておこう（ともに実名のイニシャルではない）。

Sは二三歳、Tは四四歳で、いずれも「寺地借地居住」であった。そうして、これはT姓の子孫の男性の教示によるが、Sの「商」とは具体的には木賃宿の経営であった。Sの名は同村の人別帳に見えないというから、おそらく明治維新の前後に、どこかよそからやってきて寺の所有地を借り、木賃宿を営んでいたのであろう。

ただし、それにしては数えの二三歳というのは若すぎる。あるいは、この直前くらいに、父親の死亡によって経営を引き継いでいたのかもしれない。

木賃宿と聞いても、もう多くの人には、ぴんと来ないのではないか。わたしも、泊まったこともなければ目にしたこともないが、書物や聞取りで得た知識によると、おおよそ次のようなものであったらしい。

まず、宿といっても各部屋に分かれていない。何十畳といった大広間があり、客は一人につき畳一枚分とか二枚分を、ささやかな値段で借りるのである。その空間がついたてか何かで区ぎられていればよい方で、しばしば何の仕切りもなく、プライバシーなどは、かけらもなかったことになる。

原則として酒食は提供されない。食事は自分ですますのである。「木賃」とは元来は、その炊飯用の薪代《まきだい》を指していた。

木賃宿には、独り者、家族持ちを問わず長期滞在者が多かった。どこからか、ふらりとやってきて大広間のひとすみに居を占めたかと思うと、いつまでも立ち去らない。そのような客の中には、乞食や大道芸人、洋傘直しなどの細工仕事で糊口をしのぐ者、職業不明の男や女たちがいた。

木賃宿があったのは都会にかぎらない。村落社会でも、いくらでも見られた。ある時代までの日本には、町や村を渡りあるいて、その日ぐらしをする細民があふれていた。彼らに風雨をしのぐ場所を提供していたのが木賃宿だったのである。

八町観音の境内に木賃宿を構えたのが、Sであったかどうかわからない。あるいは、もっと前からあって、Sの一家が権利を譲り受けたということもありえる。

古い時代の寺院には、旦過宿《たんがやど》を置いているところが珍しくなかった。旦とは元旦の旦で、朝を意味する。したがって、旦過とは「朝、過ぎていく」の義になる。本来は修行僧が夕に来て一夜の泊まりを乞い、翌朝に去っていくことを指していた。

乞食坊主という言葉があるが、格好だけの旅僧が来ても寺の方では、そんなことはわからず拒むことはなかった。旦過は、いつの間にか善根宿《ぜんこん》（無料宿泊所）の性格を帯びることになる。それに「院内」の歴史が混交すると、木賃宿の設置になることに何の不思議もない。

旦過もまた、各地に地名となって残っている。令和四年、二度にわたって火災に見舞われた、
・福岡県北九州市小倉北区魚《うお》町の旦過市場
も、その一つである。

とにかく、明治の初めごろ八町観音の境内に木賃宿があって、それをよそ者が経営していたのである。もう一人の寺地借地の住民Tの一家も、もとはその木賃宿で寝起きしていた可能性があるのではないか。

壬申戸籍に見えるT家の筆頭者には、「農無籍」の男性（すでに故人であった）の「三男」であるとの説明が付いている。これはどういうことかというと、その筆頭者が八町へ移ってくる以前に住んでいた現埼玉県加須《かぞ》市のH村の人別帳には、実父の肩書に「無宿」とか「帳外《ちょうがい》」とか無籍を意味する言葉が付せられていたからに違いない。彼の一族は、いちおう村方に把握されていたろう。だからこそ、人別帳に載り、「農」と注記されていたのである。

ただし、それでTが農民であったとはかぎらない。江戸時代には、武士や僧侶、神官、商人などであることが明らかであれば、そのような肩書で呼ばれたろうが、それ以外の者は、しばしば「農」としてひとくくりにされたからである。例えば、漁民は一般に農に分類している人別帳が少なくなかった。

そうして実際、Tも農民ではなく、筬職人であった。

5　妻の一家も、もとは無籍であったか

壬申戸籍の編成が始まった明治五年ごろ、Tの一家は七人家族であった。その性別と年齢は記載順に、

- 男　四四歳・女　三六歳・男　一八歳・男　一六歳・男　二歳・女　一六歳・女　一四歳

である。

二男と長女が同年齢になっているが、これが誤記でないとしたら、長女は三六歳の女性の連れ子だったのではないか。そうして、二女もその可能性があり、これより数年前に女性が筆頭者の男性といっしょになり、そのあと三男が生まれたと考えれば戸籍の記載が矛盾なく理解できる。

これとは別に、一家の戸籍の成人女性には、ほかの例と違ったところがある。まず、名前の頭に「妻」の記載がない。さらに、親の名も記されていないのである。

少なくとも、八町村の戸籍表では、T家以外の家族には例外なく、筆頭者の次の女性には「妻」の注記が付き、だれそれの長女とか二女などと書き込まれている。

これは、八町村の戸籍の編成作業を担当した村の里正《りせい》（村長のような役職）には、女性の父親がどこの、だれか把握できていなかったということであろう。つまり、女性の一家の人別帳を目にしていなかったと思われる。

江戸時代には、生まれたときから人別帳に載っていなかったり、親から勘当されて帳はずれにされる者が珍しくなかったようである。彼らは「無宿」とか「帳外」と呼ばれ、無籍の扱いを受

けていた。

壬申戸籍では、そのような人びとも可能なかぎり戸籍に編入する方針をとったらしく、無籍者は江戸期にくらべて格段に少なくなっていたことが確実である。だから、T家の戸籍に女性の名が載っていたのだろうが、八町村の里正としては親の名がわからない以上、勝手に書き込むわけにもいかない。そうなると、文句なしの有籍者の条件には欠け、筆頭者の「妻」とすることに抵抗を覚えさせたのかもしれない。戸籍に名を載せながら、筆頭者との続き柄を記していないのは、そのような事情によるのではないか。

右の推測が当たっているという保証はないが、三六歳の女性と、その一家が帳外すなわち無籍だった可能性は相応に高いと思う。また、それがかつてのミナオシやオサカキには普通の生き方であった。その実例は、これまでに紹介してきたとおりである。

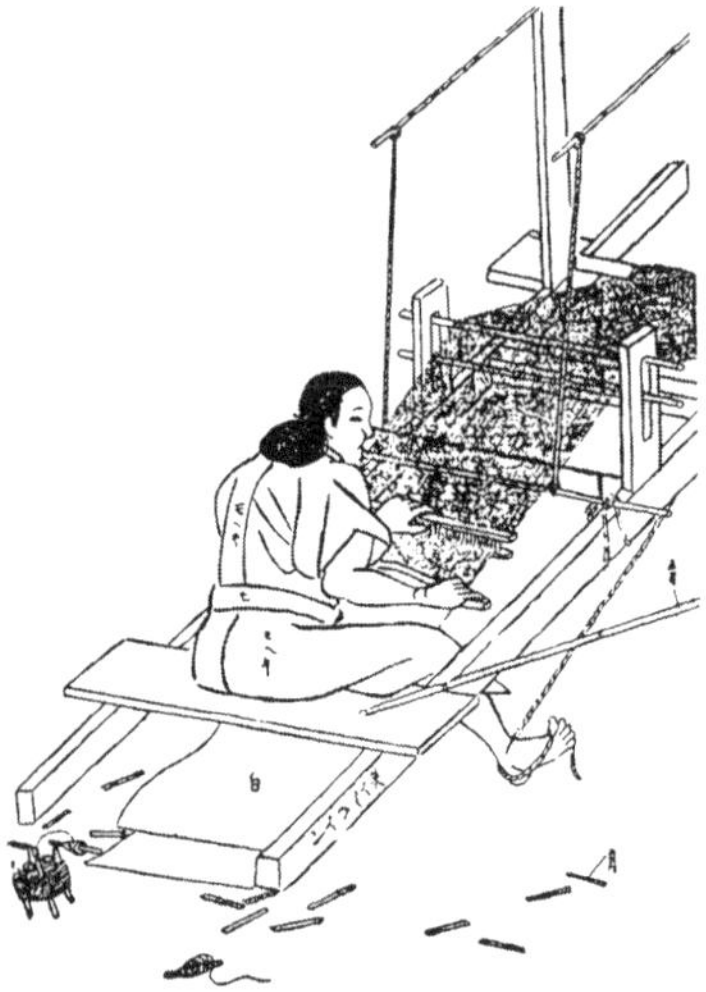

『七十一番職人歌合』に描かれた機織り。女性が左手に握っているのが筬、右手に持っているのが梭（ひ）である。

このT一族の子孫で、わたしに連絡をくれた男性は、筆頭者の三男（既述のように、明治五年当時、数えの二歳であった）の曾孫（ひまご）になる。

三男も長じたあと、両親や兄たちと同じように筬の製造と販売で暮らしを立てていた。彼らはみな、同じ稼業の家から妻を迎えている。そうして、姉や、のちに生まれた妹も、いずれも筬職人のもとへ嫁いでいるのである。

これは大工や左官、その職業を引き継いだ子供たちが、しばしば仲間うちから縁組みの相手をえらぶのとは事情がかなり違っていた。たしかに、筬職人たちの場合にも、同業者間の付き合いということはあったろう。しかし、彼らは、世間からきびしい賤視のまなざしを受けて、縁組みを忌避されがちであり、いやでもそうせざるを得ないことが大きな理由だったのである。

6　柳田國男が残した短い記録

大正四年（一九一五）三月、柳田國男は自分が主宰していた『郷土研究』誌に、「茨城県の箕直し部落」と題する、ごく短い報告を載せた。『定本柳田國男集』第三〇巻に収められている。次に、その全文を引用させていただく。

〈明治四十三四年の交《こう》、茨城県警察部が発表したる新平民部落調査表に依れば、同県内に土着せる特殊部落にして竹細工殊《こと》に箕直し梭作《おさづく》り（梭は本来は「ヒ」という字で、やはり機織《はたお》り機の部品の一つを指すが、しばしば筬《おさ》と混用された＝引用者）を以て主たる職業とする者左の如し（郷土研究一巻六四六頁参照＝原注）。今其《その》生活状況を抄録して傀儡《くぐつし》師考の一助とす。

①常陸東茨城郡中妻村大字田島　一戸二人

主たる職業箕直し及び日雇稼ぎ、常に乞丐《はいと》的風俗を為し全く他部落民と交際無し云々《うんぬん》。

②同郡沢山村大字阿波山字門無《かどなし》　二戸五人

元西茨城郡より来住し箕直しを専業とす。他部落と交際無く、風俗生計劣等なり。

③那賀郡勝田村大字金上《かねあげ》　一戸八人

箕直し、各町徘徊の箕直しと其風俗を異にす。

④同郡瓜連《うりづら》村大字中里字前谷津《まえやつ》　二戸十二人

箕直し職、身分を鑑み謙遜の風ありて常人に異ならず。

⑤同郡五台村大字中台字次男分　七戸五十四人

農又は箕直し業、総《すべ》て野卑にして乞丐に類す。

⑥久慈郡久慈町字舟戸　二戸十九人

農業箕直し、乞丐に類し一般民と交通せず。

⑦同郡誉田《ほんだ》村大字新宿《あらじゅく》　字陣場　四戸十八人

箕直し、一般民と同じ。

⑧行方《なめがた》郡麻生町大字麻生字新田　一戸三人

笊《ざる》造り、一般農民と異る所無し。

⑨同郡小高村大字橋門《はしかど》　一戸二人

笊造り、普通農民に同じ。

⑩稲敷郡龍ヶ崎町字根町　二戸四十人

箕直し、野卑にして乞丐の如し。

⑪同郡八原村貝原塚　二戸十五人
箕直し、野卑にして乞丐の如し。
⑫同郡阿見村大字阿見　三戸二十四人
箕直し、野卑にして窃盗賭博を好む。
⑬新治《にいはり》郡九重村大字倉掛上荒地　二戸十五人
梭職、普通人と異なることなし。
⑭同郡都和《つわ》村大字常名《ひたな》字新郭《しんかく》　三戸二十一人
梭職、普通人と異なることなし。
⑮真壁郡大宝《だいほう》村大字大串字長峯　一戸十三人
箕直し、赤貧にして乞丐をなす。
⑯同郡大村大字松原字西　一戸四人
箕直し、概して襤褸《ぼろ》を纏《まと》ひ麁食《そしょく》に安じ、言語野卑不潔を意とせず、常に賤業なるを以て普通民と交際無し。
⑰同郡雨引村大字本木字前田　一戸六人
箕直しの収入にて生計を立つ。一般人と交際無し。
⑱下総北相馬郡内守谷村字奥山　一戸七人
非常番竹細工、一般地方の風俗と異なる所無し。稍々《やや》善良なるもの。〉
（戸数人数の右側の圏点は原著者による。頭の数字と振り仮名は引用者が付した）

この記録は、第二章1節で一部を引用した柳田の「『イタカ』及び『サンカ』」中の次の記述と対応している。

〈右の箕直しの職業は関東何《いず》れの地方にても特殊部落に属するものにて、サンカ問題に付ては極めて重要の観察点なりとす。昨年（明治四十三年＝引用者）暮茨城県にて特殊部落の調査を為せしが、常陸にては所在十数所の箕直し部落あり。此《これ》は一定の地に家居するも、男子は箕直しの為に村々を巡業す。而《しか》して此《この》徒の中には破壊窃盗を常業とする者甚《はなはだ》多く、箕直し村へ来れば民家にても非常に用心を加ふ。鋭利なる刃物を有し切破りの手口に特色あること西部のサンカとよく似たり〉

『人倫訓蒙図彙』（じんりんきんもうずい。著者未詳、1690年成立）に載っている箕掻きの絵。その表情などから判断して、この絵を描いた人物は箕掻きに好意は抱いていなかったらしい。

二つに多少の説明を加えておくと、右の調査を実施したのは、前者に述べられているように茨城県警であって同県庁ではない。時期は明治四十三年（一九一〇）の暮れである。その目的は、警察が「犯罪予備軍」とみなしていた者たちの把握にあったろう。「新平民部落」とか「特殊部落」の表現から、今日のいわゆる被差別部落を対象にしていたように受け取る向きもあるかもしれないが、そうではない。右で柳田が、部落と言っているのは、一般村落のはずれで暮らしていた一戸ないし数戸（最大で七戸）の箕直し、筬職、竹細工職を生業とする人びとのことである。そうだとするなら、せめて「部落民」と表記すべきだろうが、それを単に「部落」と書くのは、いわば柳田のくせで、ほかの文章でもしばしば見られる。

なお、一八ヵ所の中に出てくる「野卑にして乞丐の如し」とか「普通人と異なることなし」などの注記の違いには、たいした意味はない。それは、現場で調査に当たった警察官の主観の反映にすぎず、場所によって彼らの「風俗」に明らかな差があったわけではないからである。

7 「彼らとの縁談は農民の親なら認めないだろう」

柳田國男の右の報告と、T一族の子孫に当たる男性からの情報は、互いにかかわり合っている部分が少なくない。本節では、その辺のことを取上げてみたい。

「茨城県の箕直し部落」に出てくる一八ヵ所のうち、生業が梭職《おさ》（正しい漢字では筬職。以下、こちらを用いる）となっているのは⑬と⑭だけである。わたしの聞取り調査では、のちに前者は三戸、後者は四戸に増えていたが、どちらでも、その数戸がみな一つの姓を名乗っていた。いま、それをM、Nとしておく（実名のイニシャルではない）。

この両方の家系とも、T一族と姻戚関係にあった。まず、⑬茨城県新治郡九重村大字倉掛字上荒地（あえて旧地名のままにしておく）についてである。わたしが、ここを訪ねたのは、平成二十一年（二〇〇九）十一月のことだった。そのときに会った昭和六年（一九三一）生まれの地元の男性は次のような話をしてくれた（文章体にして記しておく）。

「上荒地《かみあらじ》にはオサヤの屋号の家が二軒あった。もとは筬職人だったのだろうが、わたしは彼らが筬を作ったり、売ったりしているのは見たことがない。ともに姓をMといい、一軒はおばさんと子供三人の四人家族だった。子供は男、女、男の順で、みな昭和の初めごろの生まれだったと思う。いちばん上は霞ヶ浦の予科練へ行って戦死した。二男は学校へはあまり行かず、農家の作男のようなことをしていた。二〇歳ごろまでここにいて、そのあと水海道《みつかいどう》（現茨城県常総市）へ移っていった。母親が水海道の人と再婚したからだと聞いている。そのあとに、やはりM姓の人がどっからか移ってきたが、いつの間にかいなくなった。

もう一軒のことは、よくおぼえていない。たしか両親と男の子ばかり三人いたような気がする。この一家も現在は倉掛にはいない。どちらのMさんかわからないが、昔、金貸しをしていたようだ。

長男が戦死した方のMさんの墓は共同墓地にある。戒名に院号がついており、よそ者にしては大変なことだと年寄りが言っていた」

Tさんによると、曾祖父の妹は「倉掛の筬職人のMという人」のもとへ嫁いだということである。相手がM一族の男性の一人であったことは、まず間違いあるまい。ただし、その一家は、のちに分家して東京の下谷《したや》山伏町へ移っていったというから、おそらく右の三軒は、その直系の子孫とは違うのではないか。

「曾祖父の妹」は、明治七年（一八七四）前後の生まれらしい。もし、東京への転居が明治四十三年（一九一〇）より前だったとしたら、この家族は「茨城県の箕直し部落」に見える「二戸十五人」の中には含まれていないことになる。

山伏町は、「東京の三大貧民窟」の一つとされていた旧東京市下谷区の万年町《まんねん》の隣に位置する細民の集住する地域であった。ちなみに、第五章3節で紹介している松島ヒロさんの本籍は下谷万年町である。

⑭茨城県新治郡都和村大字常名字新郭

の箕職人の子孫の方は、いまも近くに住んでいる。

柳田の報告に見える三戸は四戸に増え、分家の一戸を除いて広い土地を所有し、かなりの資産家になっているようである。次は、ずっと地元で暮らしてきた昭和十一年（一九三六）生まれの男性の話である。

「四軒とも姓はNで、初めは三軒だった。のちに五〇〇メートルばかり離れたところに分家ができて四軒になった。もとからの三軒のうちの一軒の当主はKといい、天皇陛下と同じ年の生まれだ（平成天皇が生まれた一九三三年を指す＝引用者）。Kさんの母親は、よく自転車の荷台に箕を積んで出かけていた。あちこち売り歩いていたのか、問屋へ卸していたのか、どちらかだったと思う。それは第二次大戦後のことである。おばさんは字の読み書きができなかった。

彼らのことをオサヤと呼んでいたが、陰ではオサコジキとも言っていた。新郭には一軒だけだが、ミナオシが住んでおり、その人のこともミナオシコジキといって、オサコジキと同じようにいちだん低く見ていた。農民なら、自分の子供と彼らとのあいだに縁談が持ち上がっても認めることはないだろう」

男性は、自分の率直すぎる表現が不安になったのか、

「わたしが、こんな話をしたことは、あの人たちには言わないで下さいよ」

と付け加えたのだった。

Tさんの一族は、右のN姓の人たちとも縁組みを通じてつながっていた。Tさんの曾祖父の兄（先の戸籍表にある明治五年ごろ一六歳だった二男）は、茨城県真壁郡の旧茂田《もだ》村の筬職人の家へ婿に入っているが、そこからN家へ嫁に行った女性がいたのである。ただし、そのNの一族は、明治のころは新治郡田土部《たどべ》村で暮らしていた。田土部は、新郭から北西に四キロほど離れている。だから、両地のNが同一だと断言はできないが、至近に位置していることと、とくに古い時代、彼らがしばしばセブリを替えたこと、オサカキはざらにある渡世ではなかったことなどを考え合わせると、「茨城県の箕直し部落」が書かれるまでに田土部から新郭へ移っていた可能性が高いといえるのではないか。

少なくとも、二つの家系に深いつながりがあったことは疑いあるまい。

8　「五宝寺《ごほう》のオサヤで直してもらいなさい」

前々節で列挙した一八ヵ所のうち、筬作りを生業にしていたところが実は、もう一ヵ所あった。

⑮真壁郡大宝村大字大串字長峯　一戸十三人

である。既述のように、「箕直し、赤貧にして乞丐《ほいと》をなす」と注記されている。

わたしが、ここを訪ねたのは平成二十一年（二〇〇九）十一月のことだった。話を聞けそうな年配の住民をさがしていると、自宅前の畑で土いじりをしていた女性が目にとまった。のちにわかったことだが、この人は大正六年（一九一七）生まれで当時、九二歳であった。わたしは近づいていって、挨拶をしたあと訊いた。

「ずっと以前のことですが、この近くに箕を作る人たちがいたと思いますが」

⑮には「箕直し」とあるので、わたしはそうとばかり受け取っていたのだった。

「ええ、いましたよ。この向こうの五宝寺のそばでしょう」

女性は手をとめて初め、そう答えたが、やがて何かを思い出したように、

「箕じゃなくて、筬じゃありませんか」

と言いなおして次のような話をしてくれた。

彼女は嫁に来てから機《はた》織りをおぼえた。太平洋戦争が始まる前のことである。機を織っているうち、筬が傷んだ。筬は消耗品なので、そんなことは珍しくない。家の者に相談したら、

「五宝寺のわきにオサヤがいるから、行って直してもらいなさい」

と言われ、道を教えてもらった。そうやってオサヤを訪ねていったことが一度か二度あった。

それは、このときから七〇年も前のことで、細かなことは忘れてしまった。ただ、オサヤは寺院の境内に隣り合った藪の陰に建てた小屋にいたことを、かすかにおぼえているという。

女性の記憶によって、わたしはミナオシのほかにオサカキもいたのではないかと考えていた。

ところが、このあと五宝寺のそばで会った昭和二十二年（一九四七）生まれの男性は、そこに住んでいたのは「ミーヤ」だと言うのだった。

「その小屋があったのは、五宝寺と糸繰《いとくり》川とのあいだの、いまF産業の資材置き場になっているところですよ。わたしが小学生のころには、まだそこにいました。わたしは、ほんの子供だったので、その一家がどんな仕事をしていたのか知りません。だけど、みんなはミーヤって呼んでましたからね、箕を作ってたんじゃありませんか。

そんなに大家族じゃなかったですよ。はっきりおぼえているのは、おばさんだけで、あと一人か二人くらいしかいませんでしたねえ。あの一家は土地の者ではなく、どっかから流れてきた人たちです」

わたしたちが立ち話をしているとき、たまたま通りかかった「八〇過ぎ」だという女性も、

「あそこにいた一家のことは、ミーヤと呼んでいましたねえ」

と男性と同じことを口にした。二人とも、彼らが箴にかかわっていたことは知らなかったが、先の女性の話から、その家族の中に箕を作る者と、そのほかに箴を作る者がいたか、あるいはだれかが両方を兼ねていたことは間違いないのではないか。

小屋があったところは、新義真言宗五宝寺の境内に接している。現在は他人の所有になったか、貸しているのかもしれないが、もとは「院内」と呼んでも何ら不自然ではない場所であったろう。

そこに明治四十三年ごろ、一戸ながら一三人の大家族が住んでいた。茨城県警の調査では、彼らは「箕直し」に分類されている。実際、その仕事もしていたようである。しかし、箴の製作、

茨城県下妻市大串の五宝寺。奥に見えるのは本堂である。その手前の斜面の下あたりに小屋が建っていたという。

修繕、行商もしていたに違いない。

　第二次大戦前の昭和十年代には、まだ少なくとも筬の方はつづけていた。家族が何人くらいになっていたのかは不明である。

　それが戦後には、かつての一三人が「おばさん」を含めて二、三人に減っていたことになる。すでに箕や筬の仕事はやめていたのかもしれない。そうだとしたら、ミーヤは屋号のようなものになっていたといえる。

　五宝寺は、八千代町の「八町観音」新長谷寺から東へ七キロくらいしか離れていない。当然、新長谷寺の境内にいたT家と付き合いがあったはずである。

　T姓の子孫の男性によると、自らの一族は茨城県内の少なくとも五つの、いずれも箕または筬に関係する生業に従事する家系と縁組みを結んでいたという。その中に、五宝寺がある大宝村大串の居住者は、男性が集めた資料に現れない。また、そこのミナオシ兼オサカキの姓もわからないので、こちらの方からも、その辺を確かめることができない。

Ｔ一族が八町観音の境内にいたのは、大正三年（一九一四）までであった。一方、大宝村大串の、もと「一戸十三人の箕直し」の系譜につながる住民が、五宝寺わきの小屋を引きはらったのは昭和三十年（一九五五）前後であったと思われる。

これらが、広い意味での「院内」と呼びうる人びとの、消滅寸前の姿であったろう。

おわりに

ヨーロッパ語の「アジール」が指す概念を過不足なく言い表す日本語は、ないようである。よく「避難所」などと訳されるが、これでは山中の避難小屋も、それに含まれるような印象を与えかねない。アジールがヨーロッパの法制度と宗教観念を背景に生まれた言葉である以上、翻訳が困難なのも当然であろう。

ただ、本質的な意味を別にすると、日本語の「セブリ」は外観と社会的な機能の点で、アジールに近かったといえるかもしれない。セブリは非定住民らのあいだで広く使われていた一種の隠語で、動詞形だと「セブル」となる。それは「フセル（伏せる、臥せる）」の転倒語だとされている。意味は「住む」「泊まる」「寝る」などであり、セブリはそのような場所のことである。乞食または一見してそう思える人びとは、しばしば普通民の近づかない土地に集住して、そこをセブリとしていた。

セブリは一世紀くらい前、ところによっては半世紀余り前まで、日本では珍しい存在ではなかった。しかし、その様子を記録した文字資料は、ほとんど残されていない。地域では「乞食部落」のひとことで片づけられていたし、ほとんどのメディアが関心を示すこともなかったからである。
本書は、そのようなセブリに的をしぼった報告のつもりで筆をとった。これもまた、わが国の庶民史の一環だと考えたのである。この種の記録が出版されなかったのは、売れ行きの問題もあっただろうが、やっかいな話に巻き込まれたくないという本を出す側の人たちの自主規制も影響していたのではないか。
それを思うとき、このようなテーマのつたない書物の上梓を引き受けていただいた河出書房新社と、そこで作業にたずさわられた関係者のみなさま、とりわけ編集の重要部分を担当いただいた同社企画編集室長、西口徹氏に心からのお礼を申し上げます。

平成二十八年夏　著者識

このたびの増補改題版のために第九章を新たに書き加えた。

令和五年春　著者識

＊本書は、二〇一六年十月小社刊の『日本の「アジール」を訪ねて――漂泊民の場所』に第九章「「院内」：寺院の境内にもアジールがあった」を増補し改題したものです。

筒井 功

（つつい・いさお）

1944年、高知市生まれ。民俗研究者。
元・共同通信社記者。正史に登場しない非定住民の生態や民俗の調査・取材を続けている。著書に『漂泊の民サンカを追って』『サンカの真実　三角寛の虚構』『葬儀の民俗学』『新・忘れられた日本人』『日本の地名　60の謎の地名を追って』『東京の地名　地形と語源をたずねて』『サンカの起源　クグツの発生から朝鮮半島へ』『猿まわし　被差別の民俗学』『ウナギと日本人』『「青」の民俗学　地名と葬制』『殺牛・殺馬の民俗学　いけにえと被差別』『忘れられた日本の村』『賤民と差別の起源』『忍びの者 その正体』『アイヌ語地名の南限を探る』『利根川民俗誌』『縄文語への道』がある。第20回旅の文化賞受賞。

漂泊民の居場所

二〇二三年　五　月二〇日　初版印刷
二〇二三年　五　月三〇日　初版発行

著　者――筒井 功
発行者――小野寺優
発行所――株式会社河出書房新社
〒一五一―〇〇五一
東京都渋谷区千駄ヶ谷二―三二―二
電　話――〇三―三四〇四―一二〇一［営業］
〇三―三四〇四―八六一一［編集］
https://www.kawade.co.jp/
組　版――有限会社マーリンクレイン
印　刷――モリモト印刷株式会社
製　本――小泉製本株式会社

ISBN978-4-309-22888-4
Printed in Japan

筒井功・著

猿まわし 被差別の民俗学

中世以前、猿は信仰され、
馬の守り神でもあったのが、
猿に関わる人はなぜ、
差別されるようになったのか。
猿まわしからさかのぼり、
各地の「猿地名」と、
呪的能力者から探る。

河出書房新社